PLANCHES

50 COMPOSITIONS GOURMANDES À PARTAGER

THOMAS FELLER

PLANCHES

50 COMPOSITIONS GOURMANDES À PARTAGER

W/.

LES PLANCHES, COMMENT ÇA MARCHE ?

INTRODUCTION

- Qu'est-ce qu'on prépare pour ce soir ?

- Je ne sais pas... Est-ce que tu as une recette qui plairait à tout le monde, conviviale, belle, appétissante et facile à préparer ?

- Allez, on se fait une planche !

LA BONNE IDÉE QUE VOILÀ ! QUOI DE PLUS CONVIVIAL QU'UNE PLANCHE DE DÉLICIEUX METS ET PRODUITS À PARTAGER EN FAMILLE OU ENTRE AMIS ?

Il n'y a que des avantages : on peut tout préparer à l'avance, il y a peu de vaisselle, pas besoin de courir dans tous les sens pour surveiller une cuisson...

Et surtout, on peut passer beaucoup plus de temps avec ses convives et beaucoup moins dans la cuisine (si vous voyez ce que je veux dire...).

Avant de vous lancer, voici quelques conseils de base, simples et rapides pour des planches toujours réussies ! Mais sachez qu'il n'y a pas à proprement parler de « règles » pour réaliser une planche, si ce n'est : faites-vous plaisir et vous ferez plaisir.

Dans ce livre, on vous propose de faire beaucoup de choses vous-même. Si vous voulez gagner du temps, suivez les * : ces préparations peuvent aussi être achetées toutes faites.

LE MATÉRIEL

> Pour les planches

C'est l'élément principal de ce livre. Elles devront être suffisamment grandes car les recettes sont pour 6 personnes (vous pouvez bien sûr adapter les quantités).
Choisissez donc de grandes planches de bois ou de grandes ardoises (prévoyez au moins 40 cm de longueur ou de diamètre), sur lesquelles vous pourrez mettre tous vos ingrédients et préparations ainsi que vos ramequins contenant les sauces ou les ingrédients qui ne sont pas secs (olives marinées, aliments en sauce, etc.).
On trouve dans le commerce de grandes planches en bambou de toutes sortes et de formes différentes. On trouve aussi des planches rondes d'un diamètre supérieur à 40 cm qui viennent de tonneaux en bois utilisés normalement pour le vin.
Nettoyez-les bien avant de les utiliser et séchez-les avec un chiffon propre. Je vous conseille de ne pas passer au lave-vaisselle vos planches ou vos ardoises : les chocs dus au jet d'eau sur les ardoises peuvent les abîmer et les ébrécher, et les écarts de température peuvent déformer le bois des planches, surtout lors de la phase de séchage, lorsqu'elles sont encore très humides.
Lavez-les donc simplement à l'eau tiède avec du savon. Et faites-les sécher à la verticale afin que l'eau ne reste pas en contact avec le bois.

À défaut de grandes planches, utilisez ce que vous avez. Mais assurez-vous de toujours mélanger vos préparations afin que les couleurs et les formes s'harmonisent.

> Pour la vaisselle

On peut tout mettre sur une planche dès lors que les contenants sont adaptés.
Pour les soupes, les sauces, les mousses, les tartares, prévoyez donc de jolies tasses ou verrines, de beaux petits bols ou ramequins, etc.
De façon générale, évitez tout de même les ingrédients très liquides qui ne sont pas tellement adaptés à ce type de service.

Prévoyez des petites brochettes ou des cure-dents afin que chacun puisse se servir proprement, sans mettre ses mains au milieu de la nourriture. Vous pouvez aussi bien sûr poser sur votre planche des petites cuillères et des petits couteaux pour toutes les tartinades, les fromages, les confitures, etc.

Et surtout, on n'oublie pas les (belles) serviettes !

LES INGRÉDIENTS ET LES BONNES ASSOCIATIONS

Il existe une multitude d'associations d'ingrédients et de plats (ou mets) en cuisine : seule l'imagination sera votre limite dans cette discipline. Mais généralement, il y a trois façons principales et faciles d'organiser les associations pour être sûr.e de réussir facilement un accord parfait :

- **le terroir,**
- **l'équilibre des saveurs,**
- **les saisons.**

1 / Le terroir

La notion de *terroir*, qu'on associe souvent au vin, s'applique à tout produit agricole ou d'origine agricole. Un terroir, c'est la rencontre d'un certain climat avec une certaine géographie et un savoir-faire humain particulier, qui va donner son goût caractéristique à un produit.

C'est ainsi que certains territoires sont reconnus pour quelques produits qui sont uniques. On pense évidemment aux fromages et à la charcuterie, mais il en est de même pour certains fruits ou légumes : les lentilles du Puy, les pommes et poires de Savoie, le citron de Menton, les pois chiches du Gard, etc.

Les produits d'une même région ou d'un même terroir ont ainsi toujours été cultivés et consommés ensemble : leur association fonctionne donc parfaitement. Par exemple, la planche savoyarde (p. 107) vous proposera des fromages et de la charcuterie des Alpes. Les Alpes produisent aussi de magnifiques noix bénéficiant de l'A.O.P. « noix de Grenoble », des poires et des pommes uniques.

Dégustées crues ou en confiture sur une planche, les pommes ou les poires constituent un merveilleux accompagnement pour ces autres produits uniques de nos montagnes que sont la charcuterie et les fromages. C'est un mélange certes surprenant de sucré-salé qui nous permet d'introduire la deuxième façon de gérer les associations des ingrédients, l'équilibre des saveurs.

2 / L'équilibre des saveurs

L'équilibre des saveurs, qui sont au nombre de 6 (l'acide, l'amer, le sucré, le salé, le gras et l'umami), est une bonne façon de composer ses plats et ses associations de produits.
La plupart des recettes et des préparations fonctionnent sur un certain équilibre de 2 ou 3 saveurs, l'une venant soutenir ou atténuer l'autre.

Par exemple, l'acide va compenser une très forte saveur sucrée ou amère tout en la soutenant. L'acidité, comme le sel, a un rôle d'exhausteur de goût, c'est-à-dire qu'elle apporte évidemment sa touche personnelle mais surtout vient révéler et amplifier le goût des autres ingrédients.
L'ajout de jus de citron dans une confiture apporte une note de fraîcheur en limitant la sensation de sucre et en révélant un peu plus le goût du fruit.
On utilise aussi l'acidité pour réduire le côté gras d'un plat. Par exemple, dans une vinaigrette, le vinaigre ou le jus de citron permet, tout en conservant le goût, de réduire la sensation de gras dans la sauce.

Le principe de l'équilibre des saveurs fonctionne au sein d'un même plat mais il fonctionne aussi parfaitement entre deux plats ou deux préparations.
Par exemple, dans notre planche auvergnate (p. 103), on associe fromages et charcuteries, qui sont des produits gras et forts, avec des confitures, pour adoucir la puissance du goût, et des cornichons et pickles maison (p. 30-31), dont l'acidité va contrebalancer à merveille le côté gras de ces produits.

Dans la planche romantique (p. 40), on associe le gingembre, acide, avec le chocolat afin de soutenir par l'acidité le goût du chocolat et aussi d'alléger la sensation de gras.

Deux remarques pour conclure sur les saveurs :

• **Le sucré-salé n'est pas une opposition mais plutôt une association** permettant une parfaite combinaison et un soutien des deux saveurs.

En pâtisserie, on ajoute toujours une touche de sel dans les plats. Le jambon cru, très salé, que vous servirez avec du melon, très sucré, mettra justement en valeur le goût de ces deux produits en réduisant les notes trop fortes de l'un et l'autre.

• **Il faut prendre soin de ses papilles.** Nous avons dans la bouche des papilles sensibles aux goûts et aux saveurs et il faut équilibrer les plats afin de ne pas les saturer.

Or les épices ont tendance à le faire, que ce soit le piment, le poivre, le curry, le cumin, etc. Équilibrez donc bien vos épices de façon à ne pas saturer, voire brûler vos papilles : cela ferait que le reste de vos préparations n'auraient plus de goût.

3 / Les saisons

Comme nous l'avons dit plus haut, le terroir, c'est un ensemble de terres liées par certaines caractéristiques – dont la météo et les saisons.

Les produits d'un même terroir et d'une même saison sont souvent de bons partenaires : la pastèque se marie parfaitement avec la tomate et les fromages frais de l'été (feta, mozzarella) comme dans les planches rainbow (p. 68) et Tout rouge (p. 71). Il en est de même pour les fruits rouges et le melon, par exemple.

Le beaufort d'été accompagne à merveille le raisin de Savoie ou les noix fraîches de Grenoble.

Et ce n'est pas parce que c'est bon que c'est forcément cher ! Les fraises en hiver sont insipides et chères alors qu'en été, elles sont bon marché et délicieuses. Privilégiez donc les produits de saison qui seront alors plus goûteux et meilleur marché.

Deux derniers points en guise de conclusion :

• Les trois façons de composer vos associations peuvent évidemment être mélangées au sein d'un même plat : des produits de terroir, de saison et dont les saveurs s'équilibrent.

• Enfin, un point extrêmement important sur la qualité des produits. Les grands chefs cuisiniers n'ont pas de secret qu'ils se transmettent de génération en génération lors de soirées privées et occultes. Ils n'ont qu'une seule règle : le produit. Ce qui fait qu'un plat est bon, au-delà de la technique de réalisation, c'est la qualité du produit que vous utilisez. Un chocolat de mauvaise qualité ne donnera jamais un bon gâteau au chocolat, même dans les mains des meilleurs pâtissiers. Il en est de même pour tous les produits que vous mettrez sur vos planches.

FRUITS DE SAISON

Janvier

Ananas
Avocat
Banane
Citron
Clémentine
Fruit de la Passion
Kiwi
Litchi
Mangue
Orange
Pamplemousse
Poire
Pomme

Février

Ananas
Avocat
Banane
Citron
Clémentine
Fruit de la Passion
Kiwi
Litchi
Mangue
Orange
Pamplemousse
Poire
Pomme

Noix de cajou

Mars

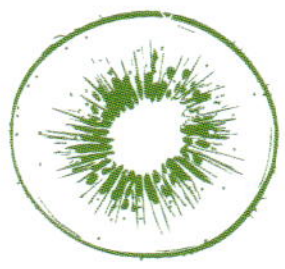

Ananas
Avocat
Banane
Citron
Fruit de la Passion
Kiwi
Mangue
Orange
Pamplemousse
Poire
Pomme

Noix de cajou

Avril

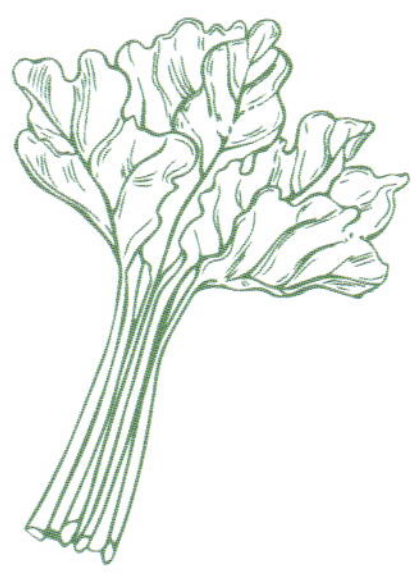

Ananas
Avocat
Banane
Citron
Fraise
Fruit de la Passion
Kiwi
Mangue
Poire
Pomme
Rhubarbe

Noix de cajou

Mai

Avocat
Banane
Cerise
Citron
Fraise
Framboise
Fruit de la Passion
Kiwi
Mangue
Rhubarbe
Tomate

Noix de cajou

Juin

Abricot
Avocat
Banane
Cerise
Citron
Fraise
Framboise
Fruit de la Passion
Fruits des bois
Melon
Pastèque
Pêche
Rhubarbe
Tomate

Amande

Juillet

Abricot
Avocat
Banane
Cerise
Citron
Figue
Fraise
Framboise
Fruit de la Passion
Fruits des bois
Melon
Pastèque
Pêche
Prune
Rhubarbe
Tomate

Amande

Août

Abricot
Avocat
Banane
Cerise
Citron
Figue
Fraise
Framboise
Fruit de la Passion
Fruits des bois
Melon
Pastèque
Pêche
Poire
Prune
Tomate

Cacahuète
Noisette

Septembre

Avocat
Banane
Citron
Coing
Figue
Fraise
Framboise
Fruit de la Passion
Fruits des bois
Melon
Pastèque
Poire
Prune
Raisin
Tomate

Cacahuète
Noisette
Noix
Pistache

Octobre

Ananas
Avocat
Banane
Citron
Coing
Figue
Framboise
Fruit de la Passion
Poire
Pomme
Raisin
Tomate

Châtaigne
Noisette
Noix
Pistache

Novembre

Ananas
Avocat
Banane
Citron
Clémentine
Fruit de la Passion
Kiwi
Litchi
Mangue
Orange
Poire
Pomme

Châtaigne
Noix
Pistache

Décembre

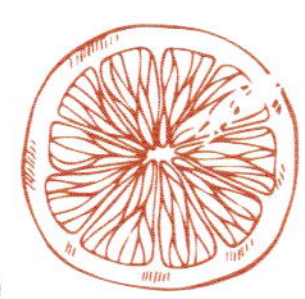

Ananas
Avocat
Banane
Citron
Clémentine
Fruit de la Passion
Kiwi
Litchi
Mangue
Orange
Pamplemousse
Poire
Pomme

LÉGUMES DE SAISON

Janvier

Carotte
Céleri
Champignon de Paris
Chou-fleur
Courge
Endive
Épinard
Panais
Patate douce
Poireau
Pomme de terre
Truffe

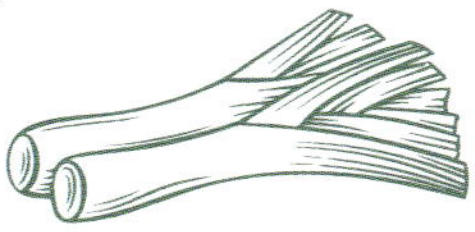

Février

Carotte
Céleri
Champignon de Paris
Chou-fleur
Courge
Endive
Épinard
Panais
Patate douce
Poireau
Pomme de terre
Truffe

Mars

Carotte
Céleri
Champignon de Paris
Chou-fleur
Courge
Endive
Épinard
Morille
Navet
Oignon nouveau
Patate douce
Poireau
Radis

Avril

Asperge
Carotte
Céleri
Champignon de Paris
Chou-fleur
Endive
Épinard
Fève
Morille
Navet
Oignon nouveau
Patate douce
Poireau
Radis
Salade

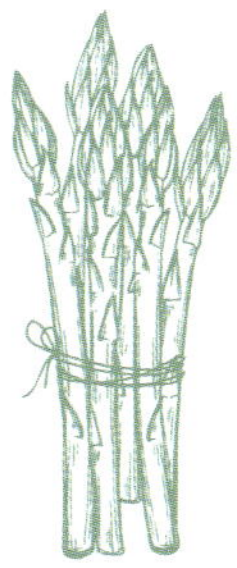

Mai

Aubergine
Asperge
Betterave
Carotte
Céleri
Champignon de Paris
Chou-fleur
Concombre
Courgette
Épinard
Fenouil
Fève
Morille
Navet
Oignon nouveau
Patate douce
Petit pois
Radis
Salade

Juin

Artichaut
Aubergine
Asperge
Betterave
Brocoli
Carotte
Céleri
Concombre
Courgette
Fenouil
Fève
Navet
Oignon nouveau
Patate douce
Petit pois
Poivron
Radis
Salade
Truffe

Juillet

Artichaut
Aubergine
Betterave
Brocoli
Carotte
Céleri
Concombre
Courgette
Fenouil
Fève
Navet
Oignon nouveau
Patate douce
Petit pois
Poivron
Radis
Salade
Truffe

Août

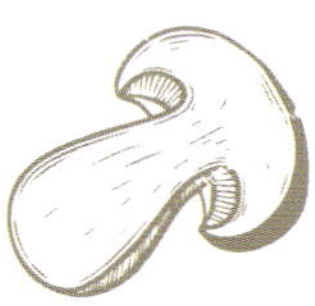

Artichaut
Aubergine
Betterave
Brocoli
Carotte
Céleri
Cèpe
Concombre
Courge
Courgette
Fenouil
Navet
Oignon nouveau
Patate douce
Poivron
Salade
Truffe

Septembre

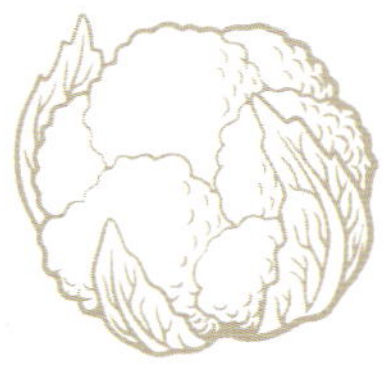

Artichaut
Aubergine
Betterave
Brocoli
Carotte
Céleri
Cèpe
Chou-fleur
Concombre
Courge
Courgette
Fenouil
Navet
Oignon nouveau
Patate douce
Poireau
Poivron
Pomme de terre
Salade

Octobre

Brocoli
Carotte
Céleri
Cèpe
Champignon de Paris
Chou-fleur
Courge
Courgette
Fenouil
Navet
Oignon nouveau
Panais
Patate douce
Poireau
Poivron
Pomme de terre

Novembre

Carotte
Céleri
Cèpe
Champignon de Paris
Chou-fleur
Courge
Endive
Fenouil
Navet
Panais
Patate douce
Poireau
Pomme de terre
Truffe

Décembre

Carotte
Céleri
Champignon de Paris
Chou-fleur
Courge
Endive
Épinard
Fenouil
Navet
Panais
Patate douce
Poireau
Pomme de terre
Truffe

AUTRES PRODUITS DE SAISON

Janvier

Bar
Coquille Saint-Jacques
Crevette
Huître

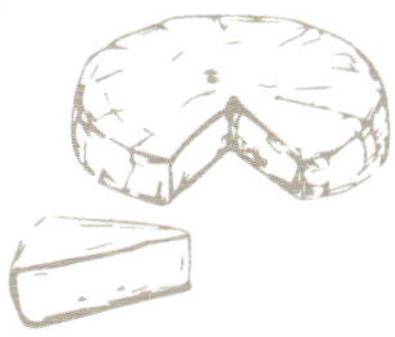

Bœuf
Canard
Porc

Beaufort
Brie
Cantal
Comté
Feta
Mimolette
Mozzarella
Parmesan
Roquefort

Février

Bar
Coquille Saint-Jacques
Crevette
Huître
Saumon
Sole

Bœuf
Canard
Porc

Beaufort
Brie
Comté
Feta
Mimolette
Mozzarella
Parmesan
Roquefort

Mars

Bar
Coquille Saint-Jacques
Crevette
Huître
Saumon
Sole

Agneau
Bœuf
Canard
Porc
Poulet
Veau

Beaufort
Brie
Chèvre frais
Comté
Emmental
Feta
Mimolette
Mozzarella
Rocamadour
Roquefort

Avril

Bar
Cabillaud
Coquille Saint-Jacques
Crevette
Huître
Sardine
Saumon
Sole

Agneau
Bœuf
Canard
Porc
Poulet
Veau

Beaufort
Bleu d'Auvergne
Brie
Camembert
Chèvre frais
Emmental
Feta
Mimolette
Mozzarella
Rocamadour
Roquefort

Mai

Anchois
Bar
Cabillaud
Coquille Saint-Jacques
Crevette
Sardine
Saumon
Sole

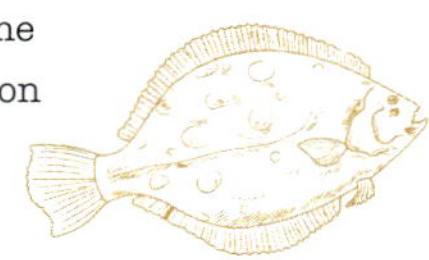

Agneau
Bœuf
Poulet
Veau

Beaufort
Bleu d'Auvergne
Brie
Camembert
Cantal
Chèvre frais
Emmental
Feta
Mimolette
Mozzarella
Ossau-Iraty
Parmesan
Reblochon
Rocamadour
Roquefort
Saint-nectaire
Selles-sur-cher

Juin

Anchois
Bar
Crevette
Saumon
Sole

Agneau
Bœuf
Canard
Poulet
Veau

Beaufort
Bleu d'Auvergne
Brie
Camembert
Cantal
Chèvre frais
Emmental
Feta
Mimolette
Mozzarella
Ossau-Iraty
Parmesan
Reblochon
Rocamadour
Roquefort
Saint-nectaire
Selles-sur-cher

Juillet

Anchois
Bar
Crevette
Sardine
Saumon
Sole

Agneau
Poulet
Veau

Beaufort
Bleu d'Auvergne
Brie
Camembert
Cantal
Chèvre frais
Emmental
Feta
Mimolette
Mozzarella
Ossau-Iraty
Parmesan
Reblochon
Rocamadour
Roquefort
Saint-nectaire
Selles-sur-cher

Août

Anchois
Bar
Crevette
Sardine
Saumon

Agneau
Poulet
Veau

Beaufort
Bleu d'Auvergne
Brie
Camembert
Cantal
Chèvre frais
Comté
Emmental
Feta
Mimolette
Mozzarella
Ossau-Iraty
Parmesan
Reblochon
Rocamadour
Roquefort
Saint-nectaire
Selles-sur-cher

Septembre

Anchois
Bar
Crevette
Huître
Sardine
Saumon
Sole

Canard
Porc
Poulet
Veau

Beaufort
Bleu d'Auvergne
Brie
Camembert
Cantal
Chèvre frais
Comté
Emmental
Feta
Mimolette
Mozzarella
Ossau-Iraty
Parmesan
Reblochon
Rocamadour
Roquefort
Saint-nectaire
Selles-sur-cher

Octobre

Anchois
Bar
Coquille Saint-Jacques
Crevette
Huître
Sardine
Sole

Bœuf
Canard
Porc

Beaufort
Bleu d'Auvergne
Brie
Camembert
Cantal
Chèvre frais
Comté
Feta
Mimolette
Mozzarella
Ossau-Iraty
Parmesan
Reblochon
Roquefort
Saint-nectaire
Selles-sur-cher

Novembre

Anchois
Bar
Coquille Saint-Jacques
Crevette
Huître
Sardine
Sole

Bœuf
Canard
Porc

Beaufort
Bleu d'Auvergne
Brie
Cantal
Comté
Feta
Mimolette
Mozzarella
Ossau-Iraty
Parmesan
Roquefort

Décembre

Bar
Coquille Saint-Jacques
Crevette
Huître
Sole

Bœuf
Canard
Porc

Beaufort
Brie
Cantal
Comté
Mimolette
Mozzarella
Ossau-Iraty
Parmesan

LA PRÉSENTATION, ÇA COMPTE !

Couleur, volume, hauteur : tels sont les maîtres mots d'une belle planche.

Une planche est comme un mini-buffet. Et il n'y a rien de plus ennuyeux qu'un buffet monochrome, où les plats ressemblent à ceux servis au self de notre entreprise ou dans les cantines scolaires !

Variez et mélangez donc les produits de façon à avoir de véritables arcs-en-ciel, n'hésitez jamais à ajouter sur vos planches des tranches de fruits ou légumes frais pour la décoration, des herbes ou des fleurs, des épices entières (bâton de cannelle, étoile de badiane, mélange de grains de poivre) ou des graines (fenouil, anis, carvi, sésame, pavot), etc.

Variez aussi les tailles : si vous choisissez de décorer votre planche avec des fraises, prenez-en des petites et des grosses. Si ce sont des radis que vous prenez, mettez des longs et des ronds, des blancs et des roses, etc.

N'oubliez pas une chose : vous n'aurez *a priori* pas de couverts et peut-être pas d'assiettes. Il est donc nécessaire de couper vos ingrédients à la taille d'une bouchée.

Évitez de dresser les éléments à plat sur votre planche.
Par exemple : pour les tranches de charcuterie, roulez-les ou posez-les en les laissant « tomber » de façon à ce qu'elles prennent de la place en largeur et en hauteur sur votre planche. Faire une planche, c'est créer du relief.

Dans le même esprit, créez de la hauteur. Une planche doit avoir une *skyline*, c'est-à-dire un profil hétérogène comme la ligne des bâtiments d'une ville que vous regardez à l'horizon. Une planche, ce n'est pas une montagne unique mais une chaîne de montagnes avec plein de sommets de tailles différentes.

Mettez côte à côte des produits ayant des couleurs, des formes et des tailles différentes. Par exemple, si vous utilisez des tasses ou des verrines pour servir un gaspacho, ne les collez pas ensemble au centre ou sur le côté de la planche mais placez-les de façon aléatoire.

Faites en sorte de vraiment mélanger les formes, les couleurs et les hauteurs de vos ingrédients afin que votre planche attire l'œil et pour augmenter ainsi l'envie et l'impression d'opulence.

ET QU'EST-CE QU'ON BOIT ?

En matière d'accord mets et boissons, les mêmes règles qui prévalent pour l'association des préparations et des ingrédients sont de mise : le terroir, l'équilibre des saveurs et les saisons.

Il n'existe probablement pas de meilleur accord avec un plat ou un produit que son cousin liquide de la même région. Que ce soit du vin, de la bière ou un autre alcool. Et c'est aussi vrai pour le sans alcool avec les tisanes ou autres boissons réalisées à partir de fruits, par exemple.

Toujours dans notre planche savoyarde (p. 107), le cocktail avec alcool est fait à partir de génépi ou de Chartreuse® (alcools à base d'herbes) et de jus de citron : ceci afin d'apporter de la fraîcheur en bouche qui va, comme pour la nourriture, équilibrer le gras du fromage ou de la charcuterie. On a ce même principe dans le cocktail sans alcool qui est très frais et floral. Si vous voulez choisir un vin, il faudra en trouver un qui contrebalance et qui supporte le côté gras et poivré de vos préparations principales qui composent cette planche savoyarde. Ce sera donc ou un vin blanc frais et acide, ou un vin rouge corsé et un peu tannique.

Autre exemple, dans la planche thaïlandaise (p. 130), je vous propose deux cocktails à base de mangue car ce fruit suave et très doux va adoucir l'ardeur et la puissance des épices utilisées dans les recettes.

L'idée est vraiment d'associer un produit en lien avec votre planche, par son origine ou terroir, par ses saveurs et par les saisons – des jus de fruits frais en été par exemple, ou des bières de Noël.

N'hésitez pas à demander conseil à votre caviste, qui saura, j'en suis sûr, vous orienter vers l'originalité et le plaisir.

Tout au long des recettes, vous trouverez des idées de boissons pour accompagner vos planches, mais c'est évidemment à vous de choisir ce qui vous fait plaisir !

LES RECETTES DE BASE

PÂTE À PAIN

POUR UN GROS PAIN D'ENVIRON 500 G

PRÉPARATION 15 MIN

LEVÉE-REPOS 4 H

CUISSON 30 MIN

INGRÉDIENTS

20 g de levure fraîche
ou 1 sachet de levure boulangère déshydratée

1 c. à s. de cassonade

15 cl d'eau chaude

400 g de farine

8 g de sel (1 c. à c.)

Dans un saladier, émiettez la levure avec la cassonade et versez l'eau chaude afin d'activer les levures. Laissez reposer 30 min.
Ajoutez la farine et le sel. Mélangez afin d'obtenir une pâte souple et homogène. Si la pâte a du mal à prendre, n'hésitez pas à ajouter un peu d'eau petit à petit. La pâte doit être légèrement collante mais facile à détacher du saladier.
Sur un plan de travail fariné, mettez le pâton, couvrez d'un torchon et laissez reposer 1 h 30. La pâte doit avoir presque doublé de volume.
Écrasez et roulez sur elle-même la pâte, plusieurs fois de suite. Farinez légèrement, couvrez d'un torchon et laissez à nouveau reposer 2 h sur une plaque recouverte de papier cuisson. Il faut que votre pâte triple voire quadruple de volume.

Préchauffez le four à 250 °C et placez un bol d'eau chaude dans la partie basse. Enfournez le pain et laissez cuire 30 min. Sortez du four et laissez refroidir avant de consommer.

>Variantes
Si vous le souhaitez, vous pouvez utiliser plusieurs types de farine : gardez simplement 250 g de farine blanche, et complétez avec de la farine de seigle, de sarrasin, d'épeautre, de la farine complète...

> Pour faire un pain pita
Ajoutez 2 c. à s. d'huile d'olive dans la pâte et remplacez la moitié de l'eau par un yaourt nature.
Procédez de la même façon mais, avant la deuxième levée, divisez votre pâte en une dizaine de petits pâtons. Étalez-les en disques de 8 à 10 cm de diamètre et laissez lever. Faites-les cuire dans une poêle chaude sans matière grasse et à couvert pendant 3 ou 4 min de chaque côté. Ils doivent gonfler et la croûte doit dorer.

PÂTE À PIZZA

POUR 2 PIZZAS D'ENVIRON 30 CM DE DIAMÈTRE

PRÉPARATION 15 MIN

LEVÉE-REPOS 2 H

CUISSON 10 MIN

INGRÉDIENTS

40 g de levure fraîche ou 2 sachets de levure boulangère déshydratée
1 c. à s. de cassonade
15 cl d'eau chaude
400 g de farine
3 c. à s. d'huile d'olive
8 g de sel (1 c. à c.)
1 c. à c. d'herbes de Provence (facultatif)

Dans un saladier, émiettez la levure avec la cassonade et versez l'eau chaude afin d'activer les levures. Laissez reposer 30 min. Ajoutez la farine, l'huile, le sel et les herbes de Provence. Mélangez afin d'obtenir une pâte souple et homogène. Si la pâte a du mal à prendre, n'hésitez pas à ajouter un peu d'eau petit à petit. La pâte doit être légèrement collante mais facile à détacher du saladier. Divisez en 2 pâtons.

Sur un plan de travail fariné, mettez les pâtons, couvrez d'un torchon et laissez reposer 1 h. La pâte doit avoir presque doublé de volume.

À l 'aide d'un rouleau à pâtisserie, étalez la pâte en 2 grands disques de 2 ou 3 mm d'épaisseur. Laissez à nouveau reposer 30 min sur une plaque recouverte de papier cuisson. Vous pouvez maintenant garnir vos pizzas.
Préchauffez le four à 280 °C et placez un bol d'eau chaude dans la partie basse. Enfournez les pizzas et laissez cuire 10 min. Sortez du four et consommez immédiatement.

> Pour faire une focaccia
Procédez de la même façon mais, lors de la deuxième levée, laissez pousser la pâte plus longtemps, idéalement dans un grand plat rectangulaire chemisé de papier cuisson. Avant de l'enfourner, badigeonnez le dessus de la pâte avec une saumure (5 cl d'eau, 5 cl d'huile d'olive et 2 pincées de sel) à l'aide d'un pinceau. La cuisson est identique à celle de la pizza.
Vous pouvez aussi garnir le dessus de la pâte d'oignons ou de fenouil finement émincés, d'olives, d'anchois...

PÂTE BRISÉE

POUR 1 TARTE
POUR 6 À 8 PERSONNES

PRÉPARATION
10 MIN

REPOS
10 MIN

INGRÉDIENTS

250 g de farine
½ c. à c. de sel
125 g de beurre doux froid
5 cl de lait frais entier

Dans un saladier, mélangez du bout des doigts la farine, le sel et le beurre coupé en petits dés. Lorsque vous obtenez un sable jaune homogène, ajoutez d'un coup le lait et agglomérez le tout rapidement sans trop travailler la pâte, au risque de la voir devenir très élastique. Laissez reposer 10 min au frais avant d'étaler la pâte et d'en garnir un moule à tarte. Votre pâte est prête à l'emploi.

> Conseil
La recette est ici neutre, mais la pâte brisée peut être aromatisée avec des herbes hachées (estragon, basilic, cerfeuil, persil, pesto...), des épices ou des aromates (poivre, moutarde, fenouil, anis, curry...) ou un peu de fromage (parmesan, pecorino, comté...).

PÂTE À BEIGNET

POUR ENVIRON 8 BEIGNETS | PRÉPARATION 10 MIN | REPOS 10 MIN

INGRÉDIENTS

250 g de farine
½ c. à c. de sel
50 g de beurre doux froid
1 œuf

Dans un saladier, mélangez du bout des doigts la farine, le sel et le beurre coupé en petits dés. Lorsque vous obtenez un sable jaune homogène, ajoutez d'un coup l'œuf battu et agglomérez le tout rapidement sans trop travailler la pâte au risque de la voir devenir très élastique. Laissez reposer 10 min avant d'utiliser votre pâte.

CORNICHONS MAISON

POUR 2 GRANDS POTS DE 500 G

PRÉPARATION 10 MIN

CUISSON 10 MIN

REPOS 1 SEMAINE

INGRÉDIENTS

1 kg de petits cornichons
2 c. à s. de gros sel
Une dizaine d'oignons grelots
50 cl de vinaigre blanc
50 cl d'eau
2 c. à c. de graines de coriandre
2 c. à c. de graines de moutarde noire ou jaune
4 feuilles de laurier
4 branches de thym
4 brins d'estragon

Ébouillantez les pots et les couvercles pendant 1 min. Sortez-les de l'eau bouillante et égouttez-les sans les essuyer.
Mettez les cornichons dans un saladier et saupoudrez de gros sel. Mélangez bien pendant 1 à 2 min. Rincez sous l'eau froide et égouttez bien.
Portez à ébullition le vinaigre et l'eau.
Épluchez les oignons. Répartissez dans les bocaux les cornichons, les aromates, le laurier, le thym et l'estragon. Versez par-dessus le vinaigre chaud ; les cornichons doivent être entièrement recouverts. Scellez les pots et laissez reposer à l'abri de la lumière pendant 1 semaine avant de consommer.

> Conseil
Si vous aimez les cornichons croquants, placez vos pots au réfrigérateur au moins 48 h avant de les consommer.

PICKLES MAISON

POUR 2 GRANDS POTS DE 500 G

PRÉPARATION 10 MIN

REPOS 1 SEMAINE

INGRÉDIENTS

- 1 kg de petits légumes (navets, carottes, mini-épis de maïs, radis, oignons grelots, gousses d'ail frais, pois gourmands...)
- 4 branches de thym
- 4 feuilles de laurier
- 30 g de sel
- 30 g de sucre semoule
- 50 cl d'eau
- 50 cl de vinaigre blanc

Ébouillantez les pots et les couvercles pendant 1 min. Sortez-les de l'eau bouillante et égouttez-les sans les essuyer.

Épluchez et rincez les légumes. Coupez-les en deux dans le sens de la longueur et répartissez-les dans les pots avec le thym et le laurier.
Dans un saladier, mélangez le sel, le sucre, l'eau et le vinaigre. Versez sur les légumes qui doivent être entièrement recouverts. Scellez les pots et laissez reposer à l'abri de la lumière pendant 1 semaine avant de consommer.

> Conseil
Vous pouvez aussi ajouter dans les pots toutes sortes de graines ou d'épices : graines de coriandre, de fenouil, d'anis, de moutarde... ou des piments frais.

CONFITURE DE FIGUE

POUR 2 POTS DE 400 G ENVIRON

PRÉPARATION 10 MIN

CUISSON 20 MIN

REPOS 24 H

INGRÉDIENTS

500 g de figues noires (type Solliès)
350 g de cassonade
Le jus de 1 citron jaune

Rincez rapidement les figues sous l'eau froide. Égouttez-les et retirez le pédoncule. Coupez-les en quatre et mettez-les dans une casserole avec le sucre et le jus de citron. Mélangez et faites cuire à feu doux et à couvert pendant 10 min afin que les figues perdent de leur jus. Retirez alors le couvercle et portez à ébullition. Poursuivez la cuisson pendant 10 min. La confiture doit être bien épaisse.
Ébouillantez 2 pots et leurs couvercles pendant 1 min. Sortez-les de l'eau bouillante et égouttez-les sans les essuyer. Remplissez-les de confiture, refermez-les et retournez-les afin de créer un vide d'air. Laissez refroidir avant de les stocker à l'abri de la lumière. Avant de consommer, placez votre pot de confiture 24 h au réfrigérateur.

> Conseils
Vous pouvez réaliser cette recette dans ces proportions avec n'importe quel fruit. Seul le temps de cuisson est à adapter en fonction des fruits. Certains, comme les cerises, les mirabelles ou les fraises, rendent énormément de jus durant la cuisson et il est recommandé de faire cuire la confiture en plusieurs fois. Faites une première cuisson avec 10 min d'ébullition, laissez refroidir 24 h et recommencez l'opération 1 ou 2 fois jusqu'à ce que le liquide ait la consistance d'un sirop épais.
Utilisez toujours du citron, même pour des fruits acides comme les framboises ou les groseilles.

GELÉE DE COING

POUR 2 POTS DE 400 G ENVIRON

PRÉPARATION 10 MIN

CUISSON 50 MIN

REPOS 24 H

INGRÉDIENTS

1 kg de coings
Le jus de 2 citrons jaunes
500 g de sucre semoule

Rincez les coings sous l'eau froide afin d'en retirer tout le duvet. Coupez-les en quartiers et mettez-les dans une casserole. Couvrez d'eau froide et portez à ébullition. Laissez cuire à petits bouillons pendant 25 min.
Chemisez un égouttoir à pâtes d'une gaze ou de mousseline et versez les coings, le jus de cuisson et le jus des citrons, en prenant soin de déposer un saladier dessous pour récupérer les jus. À l'aide d'une écumoire ou du dos d'une louche, écrasez les coings afin de récupérer le maximum de jus. Pesez le jus et ajoutez, au gramme près, la même quantité de sucre.
Reversez dans la casserole et portez à ébullition. Laissez cuire à petits bouillons 25 min.
Ébouillantez 2 pots et leurs couvercles pendant 1 min. Sortez-les de l'eau bouillante et égouttez-les sans les essuyer. Remplissez-les de gelée, refermez les pots et retournez-les afin de créer un vide d'air. Laissez refroidir avant de les stocker à l'abri de la lumière. Avant de consommer, placez votre pot de gelée 24 h au réfrigérateur.

> Conseils
Les coings sont mûrs lorsqu'ils sont couverts d'un duvet grisonnant. Par ailleurs, et c'est vrai pour toutes les gelées, il faut vraiment respecter la proportion égale du jus et du sucre. Si vous mettez moins de sucre, votre gelée ne pourra pas prendre. Vous pouvez conserver le reste des fruits, les passer au moulin à légumes muni d'une grille fine et en faire de la pâte de coing. Pour cela, pesez la purée de fruits et ajoutez la même quantité de sucre. Versez le tout dans une casserole et faites cuire à feu vif pendant 15 min sans cesser de mélanger (c'est bon pour les muscles). Versez dans un moule rectangulaire chemisé de papier cuisson, sur une épaisseur de 2 cm, et laissez reposer à l'abri de la lumière plusieurs jours jusqu'à ce que la pâte ne soit plus collante au toucher.

LES FESTIVES

APÉRO LÉGER

POUR
6 PERSONNES

PRÉPARATION
20 MIN

CE QU'IL FAUT PRÉPARER

Dips de fromage blanc 0 % aux herbes et aux épices

Sauce tomate crue aux herbes

Bâtonnets de crudités

LE TOUT PRÊT

200 g de viande de bœuf séchée type bresaola ou viande des Grisons

200 de tofu ferme

Une douzaine de galettes de céréales

INGRÉDIENTS

6 tomates romas
1 botte de coriandre
1 botte de ciboulette
4 c. à c. d'huile végétale
1 citron vert
500 g de fromage blanc à 0 %
½ botte de cerfeuil
½ botte d'estragon
1 c. à c. de moutarde de Dijon
2 oignons nouveaux
1 c. à c. d'épices vindaloo ou tandoori
1 concombre
6 carottes de couleurs différentes
½ chou-fleur
250 g de tomates cerises de toutes les couleurs
1 poivron jaune
1 poivron orange
1 poivron vert
Sel, poivre

Préparez les sauces :
Sauce tomate : retirez le pédoncule des tomates et incisez en croix la base. Plongez les tomates dans de l'eau bouillante pendant 1 min puis dans de l'eau froide. Égouttez et épluchez-les. Coupez-les en quatre, retirez les graines et hachez finement la chair. Réservez dans un bol.
Effeuillez et hachez la coriandre. Émincez finement la ciboulette. Assaisonnez les tomates avec la moitié de la ciboulette, la moitié de la coriandre, du sel, du poivre, l'huile et le jus du citron vert.

Sauces au fromage blanc : effeuillez et hachez le reste des herbes. Retirez les tiges séchées des oignons nouveaux et émincez-les finement.
Séparez le fromage blanc dans 2 bols et assaisonnez le premier avec le cerfeuil, l'estragon, le reste de ciboulette, la moutarde, du sel et du poivre. Assaisonnez le second bol avec les épices, les oignons nouveaux émincés, du sel, du poivre et le reste de coriandre.

Épluchez concombre et carottes, retirez le pédoncule des poivrons ainsi que les graines et les membranes blanches qui se trouvent à l'intérieur. Détaillez le tout en bâtonnets, coupez les sommités du chou-fleur.

Disposez sur votre planche tous les légumes. Accompagnez des sauces, des galettes, de la viande séchée et de cubes de tofu de 1 cm de côté.

> Variantes et conseils

Vous pouvez évidemment utiliser toutes les épices que vous aimez pour ces recettes. Je recommande d'essayer un mélange que l'on nomme le zaatar, qui est originaire du Moyen-Orient et qui se mariera à merveille avec cette planche.
Vous pouvez aussi décorer votre planche en la saupoudrant d'un mélange de graines de boulanger (lin, tournesol, courge...).

> Qu'est-ce qu'on boit ?

Sans alcool. Pour rester dans la légèreté, faites infuser dans 1 l d'eau bouillante 4 sachets d'infusion à l'hibiscus. Quand l'infusion est froide, ajoutez 2 c. à s. de sirop de sucre de canne, le jus de 2 citrons verts et ajoutez quelques fraises coupées en quatre et 1 pêche coupée en quartiers. Servez avec beaucoup de glaçons.
Avec alcool. Pour ceux qui recherchent un peu d'ivresse, remplissez à moitié un verre de vin liquoreux (type sauternes, loupiac, monbazillac), ajoutez une rondelle de citron vert, 4 feuilles de menthe, de la glace et terminez avec de l'eau gazeuse.

AU COIN DU FEU

POUR
6 PERSONNES

PRÉPARATION
30 MIN

CUISSON
55 MIN

CE QU'IL FAUT PRÉPARER

Jacket potatoes et cottage cheese à la ciboulette

Bruschettas au roquefort et confiture d'oignon*

Pickles maison (p. 31)

LE TOUT PRÊT

250 g de champignons de Paris

1 tête de chou-fleur

250 g de comté

Petits cornichons croquants au vinaigre

150 g de tranches de coppa

INGRÉDIENTS

Une douzaine de pommes de terre de type amandines ou rosevals
2 oignons
25 g de beurre
25 g de cassonade
10 cl de vin rouge
10 cl de vinaigre balsamique
½ baguette
100 g de fromage bleu de type roquefort
1 botte de ciboulette
200 g de cottage cheese ou de fromage frais
2 c. à s. d'huile d'olive
Sel, poivre

Pour la confiture d'oignon*, épluchez et émincez les oignons. Dans une casserole, faites-les cuire à feu moyen avec le beurre, du sel et du poivre pendant 10 min. Ajoutez la cassonade et laissez à nouveau cuire sans cesser de mélanger pendant 2 ou 3 min. Versez le vin et le vinaigre et laissez-les complètement s'évaporer à feu doux. Coupez le feu et réservez.

Pour les *jacket potatoes*, rincez les pommes de terre et emballez-les individuellement dans de petites feuilles de papier aluminium. Faites-les cuire 45 min dans le feu de la cheminée ou dans un four préchauffé à 200 °C. Elles sont cuites lorsque la lame d'un couteau entre sans résistance.

Coupez le pain en fines tranches et faites-les griller. Lorsqu'elles sont froides, mettez sur chacune une petite cuillère de confiture d'oignon et un copeau de roquefort.
Émincez la ciboulette et mélangez-la avec le cottage cheese, l'huile d'olive, du sel et du poivre.
Coupez les champignons en quartiers, détaillez le chou-fleur en fleurettes. Coupez le comté en dés. Roulez la coppa.

Sur votre planche, disposez harmonieusement tous les ingrédients. Ouvrez le papier aluminium afin de faire apparaître les pommes de terre et coupez-les en deux. Mettez au centre une cuillère de fromage à la ciboulette et placez-les au centre de votre planche.

> Qu'est-ce qu'on boit ?

Vous prendrez bien un peu de pomme ?
Avec alcool. Un calvados tonic. Dans un grand verre, mettez 4 cl d'un bon calvados et ajoutez un tonic de qualité. Décorez avec une branche de romarin, un zeste de citron et des glaçons.
Sans alcool. Du brut de pomme chaud. Mettez dans une carafe un zeste d'orange, un zeste de citron et 2 c. à c. de cassonade. Ajoutez 2 clous de girofle, 1 étoile de badiane, 1 bâton de cannelle et 25 cl de brut de pomme frémissant. Mélangez et servez aussitôt.

LA ROMANTIQUE

POUR 2 PERSONNES | PRÉPARATION 30 MIN | CUISSON 40 MIN

CE QU'IL FAUT PRÉPARER

Moelleux chocolat-gingembre confit

Asperges vertes rôties

Bruschettas avocat, épices et amandes

Huîtres au piment doux

LE TOUT PRÊT

Fleurs comestibles (au rayon frais des fruits et légumes)

400 g d'un mélange de fruits rouges frais

INGRÉDIENTS

100 g de chocolat noir
50 g de beurre demi-sel
75 g de cassonade
25 g de farine
2 petits œufs entiers
Bâtonnets de gingembre confit
400 g d'asperges vertes
2 c. à s. d'huile d'olive
Le zeste de 1 citron jaune
10 brins de cerfeuil
½ baguette
1 avocat
½ c. à c. d'épices marocaines type ras el-hanout
Le jus de ½ citron vert
1 c. à s. d'amandes effilées grillées
Une douzaine d'huîtres n° 3
1 échalote
Du piment doux
5 cl de vinaigre de Xérès
5 cl de vin blanc sec
Sel, poivre

Pour le moelleux, préchauffez le four à 170 °C. Dans une casserole, faites fondre le beurre, ajoutez le chocolat et mélangez jusqu'à ce qu'il soit fondu. Coupez le feu et ajoutez le sucre, la farine et les œufs un à un. Mélangez bien. Versez la pâte dans un moule à gâteau d'environ 15 cm de diamètre et enfournez 20 min. Sortez le moelleux du four et décorez-le de fins bâtonnets de gingembre confit.

Pour les asperges, coupez les pieds et épluchez les tiges jusqu'à la tête. Mettez les asperges dans un plat à gratin, saupoudrez de sel, de poivre et arrosez d'huile d'olive. Enfournez pour 20 min. Éteignez le four et laissez-y les asperges jusqu'au dressage. Assaisonnez avec le zeste de citron jaune et le cerfeuil.

Pour les bruschettas, faites griller de fines tranches de baguette. Détaillez des tranches d'avocats et assaisonnez avec du sel, du poivre, les épices marocaines et le jus de citron vert. Déposez les tranches d'avocats sur le pain et saupoudrez d'amandes grillées.

Ouvrez les huîtres et retirez la première eau. Épluchez et hachez très finement l'échalote. Mélangez avec le vinaigre, le vin, du poivre et un peu de piment doux. Mettez 1 c. à c. de sauce sur chaque huître.

Dressez votre planche en mettant tous les ingrédients et décorez avec les fleurs comestibles et les fruits rouges.

> Qu'est-ce qu'on boit ?

Avec alcool. Un cocktail Bellini : dans une flûte, mettez 1 c. à s. de purée de pêche jaune et remplissez ensuite de champagne.
Sans alcool. Faites macérer pendant 1 h 4 ou 5 cm de gingembre frais râpé avec 1 c. à c. de cassonade, 2 pincées de curcuma, le jus de ½ citron vert et 25 cl d'eau tiède. Filtrez au travers d'un tamis et servez avec des glaçons et une tige de coriandre fraîche.

LA FAMILIALE

POUR 6 PERSONNES | PRÉPARATION 40 MIN | REPOS 2 H 30 | CUISSON 30 MIN

CE QU'IL FAUT PRÉPARER

Pizzas maison courgette-tomate
Involtini de jambon
Rillettes de thon
Feuilletés à la saucisse

LE TOUT PRÊT

2 bottes de radis
500 g de tomates cerises de toutes les couleurs
400 g de biscuits ou de crackers apéritifs
250 g d'un mélange de noix et de fruits secs
Pruneaux au lard (p. 47)

INGRÉDIENTS

Une douzaine de tranches de jambon cru et blanc
400 g de fromage frais
2 boîtes de thon au naturel
2 c. à s. de moutarde de Dijon
1 pincée de curry
Le jus de ½ citron jaune
2 rouleaux de pâte feuilletée
8 saucisses de Strasbourg ou knacks
1 jaune d'œuf battu avec un peu d'eau
1 portion de pâte à pizza (p. 27)
8 tomates romas
2 courgettes de taille moyenne
2 boules de mozzarella
100 g de parmesan râpé
2 c. à s. d'olives noires dénoyautées

Pour les involtini, étalez sur une planche les tranches de jambon cru et cuit. Placez au centre un doigt de fromage frais et saupoudrez de poivre. Enroulez le jambon autour du fromage, coupez les rouleaux en deux et réservez au frais.

Pour les rillettes, égouttez le thon et mélangez la chair dans un bol avec 1 c. à c. de moutarde, le curry, le jus de citron et 1 c. à s. de fromage frais. Réservez au frais.

Pour les feuilletés, préchauffez le four à 180 °C. Étalez les disques de pâte feuilletée et déposez-y les saucisses que vous badigeonnez de moutarde. Découpez la pâte de façon à pouvoir y enrouler les saucisses. Enroulez-les puis scellez la pâte feuilletée en la pinçant. À l'aide d'un pinceau, badigeonnez les feuilletés de jaune d'œuf et découpez ensuite chaque feuilleté en trois. Disposez sur une plaque recouverte de papier cuisson. Enfournez pour 12 à 15 min. La pâte doit gonfler et dorer.

Pour les pizzas, faites chauffer le four à 250 °C. Retirez le pédoncule des tomates et incisez-les en croix à la base. Plongez-les 1 min dans l'eau bouillante avant de les éplucher. Émincez finement. Éboutez et émincez finement les courgettes. Coupez la mozzarella égouttée en petits dés. Étalez la pâte à pizza en petits disques et disposez-y en rosace et en alternance les rondelles de courgette et de tomate. Salez, poivrez et parsemez d'olives, de mozzarella et de parmesan. Enfournez 10 min. La pâte doit gonfler, le fromage fondre et dorer. Sortez du four.

Rincez les radis et les tomates. Répartissez les petites pizzas sur vos planches avec les reste des ingrédients.

> Conseil

S'il y a des enfants, il y a des palmiers ! Boulez les chutes de pâte feuilletée. Laissez reposer 30 min avant d'étaler sur un plan de travail fariné votre pâte en un rectangle. Saupoudrez généreusement de sucre vanillé et roulez sur eux-mêmes les bords du rectangle en les ramenant vers le centre. À l'aide d'un couteau bien aiguisé, coupez la pâte en tranches de 3 ou 4 mm d'épaisseur et déposez les palmiers à plat sur une plaque recouverte de papier cuisson. Enfournez 12 à 15 min à 180 °C. La pâte doit gonfler et dorer, le sucre caraméliser.

> Qu'est-ce qu'on boit ?

Avec alcool. Mélangez dans une grande carafe 40 cl de Pimm's N°1® (alcool anglais que l'on trouve chez les cavistes), 4 c. à s. de cassonade, 1 l d'eau gazeuse et des glaçons. Ajoutez ½ concombre coupé dans la longueur, 2 branches de céleri, 5 brins de coriandre et 5 brins de menthe. Servez très frais.
Sans alcool. Dans une grande carafe, mettez 4 c. à s. de cassonade, le jus de 5 citrons verts. Ajoutez ¼ d'ananas épluché et coupé en lamelles, 4 brins de menthe, 4 brins de coriandre, 2 poignées de glaçons et 1 l d'eau gazeuse.

GARDEN-PARTY

POUR
6 PERSONNES

PRÉPARATION
30 MIN

CUISSON
40 MIN

CE QU'IL FAUT PRÉPARER

Mini-galettes de légumes*

Sauce au fromage frais aux herbes

Beurre au citron et à la ciboulette

LE TOUT PRÊT

Assortiment de crudités (p. 37)

Chou romanesco

1 bon pain au levain

INGRÉDIENTS

3 carottes de couleurs variées
1 navet boule d'or
1 navet blanc
3 pommes de terre de type amandines ou rosevals
1 botte d'estragon
1 botte de cerfeuil
1 botte de ciboulette
½ botte de persil plat
2 gousses d'ail
50 g de fromage jeune (comté 6 mois ou cantal jeune)
10 cl de crème fraîche liquide
2 œufs extra-frais
Huile végétale
300 g de fromage frais fermier (brousse, ricotta ou cottage cheese)
1 oignon nouveau
4 c. à s. d'huile d'olive
Le jus de ½ citron jaune
100 g de beurre demi-sel
Le zeste de 1 citron jaune
Sel, poivre

Pour les galettes de légumes*, effeuillez puis hachez l'estragon, le persil, la ciboulette et le cerfeuil. Épluchez et râpez les carottes, les navets, 1 gousse d'ail et les pommes de terre. Pressez les légumes entre vos mains afin de retirer le maximum de jus et mettez dans un saladier. Ajoutez la moitié de l'estragon, du cerfeuil et de la ciboulette hachés, le persil haché, le fromage jeune râpé, la crème fraîche, les 2 œufs battus, du sel et du poivre. Mélangez bien.
Dans une petite poêle chaude avec un peu d'huile végétale, déposez une galette de légumes de 1 cm d'épaisseur. Couvrez et laissez cuire à feu moyen pendant 6 à 8 min. Faites glisser délicatement la galette sur une assiette plate et recouvrez de la poêle chaude. À l'aide d'un torchon, retournez le tout et poursuivez la cuisson 6 à 8 min pour faire griller l'autre face. Gardez au chaud et répétez l'opération jusqu'à épuisement de la préparation.

Pour la sauce aux herbes, épluchez et hachez la gousse d'ail restante et l'oignon nouveau. Dans un saladier, mélangez le reste des herbes hachées, en prenant soin de réserver 1 pincée de ciboulette, avec l'ail, l'oignon, l'huile d'olive, le jus de citron, le fromage frais, du sel et du poivre. Réservez au frais.

Pour le beurre au citron, coupez le beurre en petits morceaux et écrasez-le à l'aide d'une fourchette. Assaisonnez avec le reste de ciboulette hachée, du poivre et le zeste de citron.

Déposez les bâtonnets de crudités sur la planche avec la sauce au fromage frais. Mettez les tranches de pain avec le beurre au citron et les galettes de légumes. Servez aussitôt.

> Qu'est-ce qu'on boit ?

Sans alcool. Mettez dans une grande carafe 1 bouquet de fleurs de sureau ou d'acacia avec le jus de 4 citrons verts, 4 c. à s. de sirop de sucre de canne et remplissez d'eau et de glaçons. Laissez infuser 1 h afin que le parfum des fleurs se diffuse.
Avec alcool. Mettez dans une carafe 1 bouteille de vin rosé sec avec 1 poignée de framboises et de fraises coupées en deux. Ajoutez 1 c. à s. de sirop de sucre de canne, le jus de 1 citron vert et beaucoup de glaçons.

LA SUCRÉE-SALÉE

POUR 6 PERSONNES | PRÉPARATION 40 MIN | CUISSON 40 MIN

CE QU'IL FAUT PRÉPARER

Poires pochées au vin rouge et cubes de roquefort

Sardines aux pommes granny smith

Pruneaux au lard rôtis*

Cuillères d'endive, cervelle de canut aux abricots moelleux

LE TOUT PRÊT

1 camembert de Normandie

100 g de gelée de pomme ou de coing (p. 33)

8 cerneaux de noix

100 g de cœur de saumon fumé

100 g de framboises fraîches

10 cl de concentré de vinaigre balsamique

Pain aux fruits secs et noix

INGRÉDIENTS

3 poires williams
100 g de sucre
25 cl de vin rouge
150 g de roquefort
2 boîtes de sardines à l'huile
1 pomme granny smith
1 bâton de céleri branche
2 endives
4 abricots moelleux
½ botte de coriandre
200 g de fromage blanc type faisselle ou de cottage cheese
Une douzaine de pruneaux d'Agen dénoyautés
12 tranches de poitrine de porc fumée
Sel, poivre

Pour les poires, épluchez les poires et mettez-les dans une casserole avec le sucre, le vin rouge, puis mouillez à hauteur. Portez à ébullition et laissez cuire à petits bouillons 30 min. Éteignez le feu, retirez les poires du sirop et laissez refroidir. Coupez les poires en quartiers et placez au centre un cube de roquefort de 1 cm de côté.

Pour les sardines, sortez les sardines des boîtes et conservez-les pour la présentation. Retirez l'arête centrale et coupez grossièrement les filets. Épluchez et taillez en petits dés le céleri et la pomme. Mélangez avec l'huile et la chair des sardines. Mettez la préparation dans les boîtes.

Pour les endives, effeuillez-les et conservez les grandes feuilles. Coupez les abricots en petits dés et mélangez-les avec sel, poivre, coriandre hachée et fromage blanc. Répartissez une noisette de cette préparation sur les feuilles d'endive.

Pour les pruneaux*, enroulez-les dans les tranches de poitrine de porc et disposez-les sur une plaque recouverte de papier cuisson. Faites cuire 10 min à 180 °C.

Coupez le camembert en deux dans l'épaisseur. Répartissez sur la partie inférieure 1 c. à c. de gelée et les cerneaux de noix concassés par-dessus, puis refermez. Coupez en 6 parts.

Coupez le saumon en dés et confectionnez des mini-brochettes : piquez deux dés de saumon sur chaque cure-dent avec une framboise au milieu. Décorez d'une goutte de concentré de balsamique.

Dressez la planche avec toutes les préparations et le pain coupé en fines tranches.

> Qu'est-ce qu'on boit ?

Il vous reste des framboises et des poires crues ou cuites ?
Avec alcool. Dans de grands verres, répartissez les fruits, une pincée de poivre noir, quelques glaçons et finissez par du poiré (genre de cidre élaboré avec des poires).
Sans alcool. Faites de même, sans poivre et avec du brut de pomme.

BIRTHDAY PLANCHE

POUR
6 PERSONNES

PRÉPARATION
40 MIN

CUISSON
50 MIN

CE QU'IL FAUT PRÉPARER

Quatre-quarts*

Coulis de fruit rouge

Sauce chocolat

LE TOUT PRÊT

Biscuits type galettes bretonnes ou gaufres liégeoises

Environ 800 g de fruits rouges (framboises, mûres, fraises, myrtilles, cerises, etc.)

Des bonbons que vous aimez

INGRÉDIENTS

250 g de cassonade
4 œufs extra-frais
200 g de beurre doux
200 g de farine
½ sachet de levure chimique
150 g d'un mélange de fruits rouges
Le jus de ½ citron jaune
100 g de chocolat noir
10 cl de crème fraîche liquide
1 sachet de sucre vanillé
Sel

Pour le quatre-quarts*, préchauffez le four à 180 °C. Fouettez dans un grand saladier 200 g de cassonade avec les œufs et 2 pincées de sel. Ajoutez le beurre fondu puis la farine tamisée et la levure. Continuez à fouetter. Versez dans un moule à cake préalablement graissé et enfournez pour 40 min. Votre gâteau doit gonfler et être bien doré. Il est cuit lorsque la pointe d'un couteau ressort humide mais propre. Démoulez et laissez refroidir.

Pour le coulis, dans une casserole, mettez les fruits rouges avec le reste de la cassonade et le jus de citron. Faites cuire à feu doux pendant 10 min. Passez au travers d'un tamis en écrasant les fruits avec le dos d'une cuillère. Versez dans un joli bol et laissez refroidir.

Pour la sauce chocolat, dans une autre casserole, portez la crème à ébullition avec 5 cl d'eau chaude et le sachet de sucre vanillé. Coupez le feu et ajoutez le chocolat noir concassé. Laissez reposer 2 min, puis fouettez pour homogénéiser votre sauce. Versez dans un bol et laissez refroidir.

Disposez harmonieusement sur votre planche le cake coupé en tranches ou en bâtonnets avec les sauces. Entourez des fruits rouges, des biscuits et des bonbons. Et bien sûr, n'oubliez pas les bougies !

> Conseils

Vous avez du temps ? Tant mieux, vous allez pouvoir faire des merveilles : des brochettes de fruits et de bonbons en alternant formes et couleurs, des tartelettes express. Pour cela, disposez une fine couche de crème épaisse sur les biscuits et couvrez avec les fruits rouges.

Vous aimez le sucré-salé ? Ajoutez sur votre planche de petits sandwichs de pain de mie. Des idées de garnitures :
• concombre, fromage frais et menthe,
• saumon, raifort et yaourt à la grecque,
• œuf dur haché, mayonnaise et poivre,
• carottes râpées, citron et fromage blanc...

> Qu'est-ce qu'on boit ?

Des bulles, évidemment. Du champagne pour les uns et du tonic pour les autres, dans lequel vous ajoutez un mélange de jus frais d'agrumes (citron vert, orange et pomelo) ainsi que de fins bâtonnets de gingembre cru.

PANCAKES ET CIE

POUR 6 PERSONNES | PRÉPARATION 30 MIN | CUISSON 20 MIN

CE QU'IL FAUT PRÉPARER

Pancakes

LE TOUT PRÊT

6 tranches de bacon

12 œufs de caille

100 g de vieux cheddar

25 cl de crème fraîche entière épaisse

100 g d'œufs de truite

Pâte à tartiner chocolat-noisette

Sirop d'érable

Gelée ou de la pâte de coing (p. 33)

125 g de framboises

250 g de fraises

INGRÉDIENTS

2 œufs
50 g de beurre doux
15 cl de lait frais entier
150 g de farine
½ c. à c. de levure chimique
Huile végétale
Sel

Pour les pancakes, séparez les blancs des jaunes d'œufs et montez en neige les blancs avec 2 pincées de sel. Faites fondre le beurre et mélangez-le avec le lait et les jaunes d'œufs.
Dans un saladier, tamisez la farine et la levure chimique. Ajoutez le lait doucement et sans cesser de fouetter, jusqu'à l'obtention d'une pâte homogène. Mélangez délicatement la pâte avec les blancs d'œufs.
Dans une grande poêle anti-adhésive bien chaude et huilée, versez la pâte : une toute petite louche pour les pancakes salés, pour obtenir des crêpes de la taille de blinis, et une un peu plus grosse pour les pancakes sucrés. Lorsque les bulles apparaissent, retournez-les et poursuivez la cuisson 1 min. Réservez au chaud.

Pendant ce temps, faites bouillir 4 min les œufs de caille. Passez-les ensuite rapidement dans l'eau glacée et écalez-les délicatement. Faites rapidement griller le bacon dans une poêle sans matière grasse.

Sur les mini-pancakes, dressez sur la première moitié ½ tranche de bacon avec ½ œuf de caille et 1 copeau de cheddar. Sur l'autre moitié, déposez ½ c. à c. de crème fraîche et ½ c. à c. d'œufs de truite.

Déposez le reste des pancakes et des ingrédients sur votre planche et dégustez.

> Variantes

Les garnitures sont innombrables : d'autres fruits, de la confiture, du miel, du sucre glace, du caramel au beurre salé, du gianduja, de la chantilly, des amandes ou des noisettes caramélisées, du chocolat fondu, etc.
Et pour les pancakes ? Ajoutez sur la pâte, lors de la cuisson, des raisins secs ou des rondelles de banane. Remplacez une partie de la farine par de la farine de châtaigne ; faites une version sans gluten en remplaçant la farine par une farine de riz, etc.

> Qu'est-ce qu'on boit ?

Avec alcool. Pour les amateurs de sensations, mélangez dans un grand verre une dose de rhum blanc ou de whisky avec des glaçons et du lait frais entier. Saupoudrez de noix de muscade fraîchement râpée.
Sans alcool. Délayez 1 c. à s. de lait concentré sucré avec 2 c. à s. de crème de coco. Ajoutez 15 cl de lait frais et mélangez bien avant de servir avec des glaçons et un peu de sucre vanillé.

GAUFRES, GAUFRES, GAUFRES

POUR
6 PERSONNES

PRÉPARATION
30 MIN

CUISSON
20 MIN

CE QU'IL FAUT PRÉPARER

Gaufres

LE TOUT PRÊT

4 brins d'aneth
1 c. à c. de raifort râpé
2 yaourts à la grecque
6 tranches de saumon fumé
½ melon de Cavaillon
2 avocats mûrs
100 g de feta
1 c. à s. de sésame noir
12 tranches de viande des Grisons ou de bresaola
100 g de crème de marron
Sucre glace
125 g de framboises
250 g de fraises

INGRÉDIENTS

3 œufs
75 g de beurre doux
40 cl de lait frais entier
250 g de farine
Huile végétale
Sel, poivre

Pour les gaufres, séparez les blancs des jaunes d'œufs et montez les blancs en neige avec le sel. Faites fondre le beurre et mélangez-le avec le lait et les jaunes. Dans un saladier, tamisez la farine. Ajoutez doucement et sans cesser de fouetter le lait jusqu'à l'obtention d'une pâte homogène. Mélangez délicatement la pâte avec les blancs d'œufs.
Faites cuire vos gaufres dans un gaufrier légèrement huilé. Coupez-les en bâtonnets de 2 cm de largeur puis réservez au chaud.

Pendant ce temps, effeuillez et hachez l'aneth. Mélangez avec le raifort, le yaourt, du sel et du poivre. Coupez le saumon en bandes. Épluchez le melon, retirez les graines et coupez la chair en fins quartiers. Retirez la chair des avocats et détaillez-la en cubes de 1 cm de côté. Détaillez la feta en cubes de 1 cm de côté.

Dressez un quart des gaufres avec un peu de yaourt et de saumon fumé. Sur le deuxième quart, mettez de l'avocat, de la feta et un peu de sésame. Sur le troisième quart, mettez ½ tranche de viande séchée et du melon.

Disposez le reste des gaufres et les ingrédients sucrés sur la planche et servez aussitôt.

> Conseil

Si vous voulez différencier les gaufres salées des gaufres sucrées, séparez la pâte en deux avant la cuisson et ajoutez dans l'une des moitiés un mélange d'herbes hachées (persil, cerfeuil, ciboulette) et 50 g de parmesan râpé.

> Qu'est-ce qu'on boit ?

Avec alcool. Dans un grand verre à vin, versez 6 cl de pineau des Charentes (ou tout alcool similaire : floc de Gascogne, macvin du Jura, porto rouge ou blanc), 6 cl de ginger ale, 1 rondelle de citron vert et 1 poignée de glaçons.
Sans alcool. Mélangez dans un grand verre 10 cl de jus de raisin blanc avec 1 rondelle de citron vert, 5 cl de jus de mangue et des glaçons.

LES COLORÉES

LA PRINTANIÈRE

POUR 6 PERSONNES | PRÉPARATION 30 MIN | CUISSON 35 MIN

CE QU'IL FAUT PRÉPARER

Bruschettas tomate-concombre

Guacamole de brocoli

LE TOUT PRÊT

Assortiment de crudités (p. 37)

300 g de petits pois frais

2 bottes de radis

125 g de beurre demi-sel

Le zeste de 1 citron jaune

INGRÉDIENTS

1 baguette de qualité
1 concombre
150 g de fromage frais
150 g de tomatade (pâte à tartiner de tomate confite)
1 poignée de roquette
100 g d'amandes effilées grillées
1 tête de brocoli
2 pincées d'épices à la marocaine type ras el-hanout
Le jus de 1 citron vert
1 oignon nouveau
Sel, poivre

Pour les bruschettas, préchauffez le four à 150 °C. Coupez la baguette en fines tranches et disposez-les sur une grille allant au four. Enfournez pour 20 min. Sortez du four et laissez refroidir. Épluchez le concombre et émincez-le finement. Étalez sur le pain une fine couche de fromage frais. Ajoutez un peu de tomatade, une rondelle de concombre, un peu de roquette et saupoudrez d'amandes grillées.

Pour le guacamole de brocoli: séparez la tête du pied. Épluchez le pied, coupez-le en quatre et faites-le cuire 5 min dans de l'eau bouillante salée. Ajoutez les têtes et poursuivez la cuisson 10 min. Égouttez le brocoli et plongez-le rapidement dans l'eau glacée. Mixez-le jusqu'à l'obtention d'une purée fine. Ajoutez les épices, du sel, du poivre, le jus de citron et l'oignon nouveau finement émincé, puis mettez le guacamole dans un joli bol. Réservez au frais.

Écossez les petits pois en prenant soin de réserver les cosses. Rincez les radis.

Sur votre planche, disposez les bruschettas, le guacamole de brocoli et les crudités. Ajoutez le beurre et râpez dessus le zeste de citron. Parsemez sur l'ensemble du poivre fraîchement moulu.

> Variante

Pour une tartine encore plus simple mais grandiose : étalez sur un bon pain au levain du beurre salé. Saupoudrez généreusement de ciboulette hachée et d'un peu de poivre.

> Qu'est-ce qu'on boit ?

Avec alcool. Mettez les cosses de petits pois dans une grande carafe avec 1 citron vert coupé en rondelles et des glaçons. Ajoutez 25 cl de Cointreau® et 50 cl d'eau gazeuse. Mélangez et servez aussitôt.
Sans alcool. Mettez les tranches de concombre restantes dans une carafe. Ajoutez 2 cm de gingembre frais épluché et coupé en bâtonnets, 2 citrons verts coupés en rondelles, 1 poignée de glaçons et couvrez de tonic.

L'ESTIVALE

POUR 6 PERSONNES | PRÉPARATION 30 MIN | CUISSON 25 MIN | LEVÉE-REPOS 1 H 30

CE QU'IL FAUT PRÉPARER

Gressins aux herbes*
Brochettes de melon et mozzarella
Fromage frais aux framboises

LE TOUT PRÊT

250 g de beaufort d'été
Gelée de coing ou de pomme (p. 33)
Tomates cerises de toutes les couleurs
250 g de fraises mara des bois ou gariguettes

INGRÉDIENTS

½ portion de pâte à pizza (p. 27)
½ botte de basilic frais + 1 tige pour le fromage frais
½ botte de ciboulette
1 melon de Cavaillon
250 g de billes de mozzarella de bufflonne
1 c. à s. de graines de fenouil
150 g de fromage frais type St Môret®
125 g de framboises fraîches
Poivre

Pour les gressins*, préchauffez le four à 160 °C. Hachez finement le basilic et la ciboulette. Mélangez les herbes avec la pâte à pizza. Laissez-la reposer 1 h afin qu'elle se détende. Coupez-la ensuite en une douzaine de morceaux. Étalez chaque morceau en tirant sur les bouts afin de lui donner la forme d'une longue paille. Disposez sur une plaque allant au four et enfournez 25 min. La pâte doit dorer, mais surtout, il faut que vos gressins deviennent croustillants et secs. Sortez du four et laissez refroidir.

Pour les brochettes, coupez le melon en deux et retirez les graines en prenant soin de les réserver. En vous aidant d'une cuillère à pomme parisienne, réalisez des billes de chair. Égouttez la mozzarella et réalisez de petites brochettes avec 1 bille de melon et 1 bille de mozzarella. Saupoudrez de graines de fenouil.

Pour le fromage frais, fouettez le fromage frais et disposez-le dans un petit plat ou une petite assiette. Ajoutez le basilic et répartissez les framboises par-dessus.

Retirez les pédoncules des fraises et réservez-les.

Sur votre planche, disposez des bâtonnets de beaufort avec un peu de gelée, des fraises et des tomates cerises. Ajoutez les brochettes melon-mozzarella, les gressins et le fromage frais aux framboises.

> Variantes

Pour colorer votre planche, vous pouvez ajouter des crudités ou des quartiers de fruits frais (abricot, pêche, nectarine), accompagnés d'amandes effilées grillées et de ricotta ou de brousse assaisonnée avec un peu d'huile d'olive et de menthe hachée.

> Qu'est-ce qu'on boit ?

Avec alcool. Versez dans une carafe 50 cl de vin rosé et 30 cl d'eau gazeuse très pétillante, 1 poignée de fraises coupées en morceaux et 5 cl de liqueur de fraise ou de framboise. Ajoutez des glaçons et servez aussitôt.
Sans alcool. Mettez les graines de melon et les pédoncules des fraises dans une grande carafe d'eau glacée et laissez reposer 1 h au réfrigérateur. Avant de servir, filtrez l'eau au travers d'un tamis ou d'une petite passoire.

L'AUTOMNALE

POUR 6 PERSONNES | PRÉPARATION 30 MIN | LEVÉE-REPOS 2 H | CUISSON 25 MIN

CE QU'IL FAUT PRÉPARER

Focaccia au bleu et aux noix

Carottes confites au miel

Tartare de truite au raifort

LE TOUT PRÊT

1 grappe de raisin noir

250 g de cheddar

6 tranches de jambon de la Forêt-Noire

6 fines tranches de lard alsacien

15 cl de concentré de balsamique

INGRÉDIENTS

1 portion de focaccia (p. 27)
100 g de cerneaux de noix
150 g de fromage bleu type roquefort ou stilton
1 botte de petites carottes fanes
25 g de beurre doux
1 c. à s. de miel de montagne
2 endives
150 g de truite fumée
1 c. à c. de raifort râpé
2 c. à s. d'huile végétale
Sel, poivre

Pour la focaccia, mélangez la pâte avec les cerneaux de noix concassés et le fromage bleu coupé en petits dés, puis procédez comme indiqué p. 27. Coupez la focaccia cuite en gros cubes.

Pour les carottes, retirez les fanes en laissant 3 à 4 cm. Brossez les carottes à l'aide du grattoir propre d'une éponge et plongez-les 3 min dans de l'eau bouillante salée. Dans une poêle, faites fondre le beurre avec le miel et faites-y confire les carottes 10 min à feu doux en les retournant souvent. Salez et poivrez.

Pour le tartare, effeuillez les endives. Coupez la truite en petits dés et mélangez avec le raifort, l'huile végétale, un peu de sel et de poivre. Répartissez le tartare sur les feuilles d'endives.

Rincez le raisin. Coupez le cheddar en petits triangles. Disposez tout sur la planche avec la focaccia, la truite fumée, les carottes confites, le jambon et le lard. Servez le concentré de balsamique dans un petit bol pour que chacun puisse en mettre à sa guise sur le fromage et la charcuterie.

> Variante
Si vous aimez ça, vous pouvez ajouter des figues coupées en deux et surmontées de 1 petit dé de fromage de chèvre et de quelques gouttes de concentré de balsamique !

> Qu'est-ce qu'on boit ?
Avec alcool. Dans un grand verre d'eau chaude, faites infuser 1 sachet de rooibos pendant 3 min. Ajoutez 1 dose de gin, 1 c. à c. de miel, 2 c. à s. de jus d'orange et le zeste de 1 citron.
Sans alcool. Faites infuser 1 sachet de rooibos dans un grand verre d'eau chaude. Retirez le sachet puis laissez refroidir. Ajoutez 1 c. à s. de sirop de sucre de canne et 2 rondelles de citron vert, 1 bâton de cannelle, 2 gousses de cardamome verte et 1 étoile de badiane. Ajoutez des glaçons et servez.

L'HIVERNALE

POUR
6 PERSONNES

PRÉPARATION
40 MIN

CUISSON
20 MIN

CE QU'IL FAUT PRÉPARER

Pommes de terre à la sauce fromagère

Salade de pomme granny smith

LE TOUT PRÊT

2 poires doyennées du Comice

2 pommes goldens

1 petit reblochon

150 g de parmesan

150 g de cerneaux de noix

1 pain aux noix tranché

6 tranches de jambon blanc truffé

INGRÉDIENTS

600 g de pommes de terre rattes ou grenailles
50 cl de vin blanc sec
5 cl de lait
10 cl de crème fraîche liquide
150 g de beaufort
1 c. à c. de moutarde de Dijon
1 pomme granny smith
1 branche de céleri
Cerneaux de noix
2 c. à s. d'huile végétale
Sel, poivre

Pour les pommes de terre, préchauffez le four à 180 °C. Enfournez les pommes de terre avec un filet d'huile d'olive et laissez cuire pendant 30 min.

Pour la sauce, dans une petite casserole, portez à ébullition le vin, le lait et la crème. Ajoutez le beaufort râpé et coupez le feu. Mélangez jusqu'à ce que la sauce soit homogène. Assaisonnez avec de la moutarde, du sel et du poivre et versez dans un joli bol.

Pour la salade de pomme, épluchez et coupez en petits dés la pomme granny smith et le céleri. Hachez grossièrement 6 cerneaux de noix. Dans un bol, mélangez le tout avec un peu de sel, de poivre et d'huile végétale.

Sur votre planche, disposez les ingrédients cuisinés ainsi que les poires et les pommes goldens coupées en quartiers, le reblochon coupé en parts, le parmesan coupé en morceaux, les cerneaux de noix, le pain et le jambon truffé.

> Variantes

Pour une version plus légère, remplacez les pommes de terre par des légumes racines cuits au four (carotte, navet, potimarron, rutabaga, etc.). Remplacez l'un des fromages par du fromage frais (type faisselle ou cottage cheese) assaisonné avec de l'ail et de l'échalote hachés, du sel, du poivre, une pointe d'huile d'olive et de la ciboulette hachée.

> Qu'est-ce qu'on boit ?

Avec alcool. S'il vous reste du vin blanc, versez-en 6 cl dans une carafe. Ajoutez 75 cl d'une bonne limonade artisanale, 1 citron jaune coupé en rondelles et 1 poignée de glaçons.
Sans alcool. Mélangez à parts égales du jus de pomme et du jus de raisin blanc. Ajoutez dans la carafe 1 poire finement coupée en quartiers et des glaçons.

LA NOIR ET BLANC

POUR 6 PERSONNES | PRÉPARATION 30 MIN | REPOS 2 H | CUISSON 20 MIN

CE QU'IL FAUT PRÉPARER

Mousseline noire

Frites de panais

Pizzas blanches

LE TOUT PRÊT

1 petit chou-fleur

1 botte d'asperges blanches (fraîches si c'est la saison sinon, en conserve)

1 radis blanc

400 g de risotto au fromage tout prêt (dans les épiceries de produits surgelés)

3 sachets d'encre de seiche

INGRÉDIENTS

1 œuf + 1 blanc d'œuf
1 c. à s. de moutarde de Dijon
20 cl d'huile végétale
Le jus de ½ citron
1 c. à s. de poudre de charbon actif (en pharmacie)
3 panais
3 c. à s. d'huile d'olive
4 c. à s. de graines de sésame noir
1 portion de pâte à pizza (p. 27)
25 cl de crème fraîche épaisse
2 boules de mozzarella de bufflonne
Sel, poivre

Pour la mousseline noire, séparez le blanc du jaune d'œuf et montez le blanc en neige. Fouettez le jaune d'œuf avec la moutarde et versez l'huile en un très mince filet continu sans cesser de mélanger. Lorsque la mayonnaise est bien prise, assaisonnez avec du sel, du poivre, le jus de citron et le charbon en poudre. Terminez en mélangeant avec le blanc en neige et réservez au frais.

Pour les frites, épluchez puis coupez les panais en gros quartiers pour faire des frites. Mettez dans une casserole d'eau froide salée et portez à ébullition. Laissez cuire 3 ou 4 min puis égouttez. Dans une poêle, faites cuire les frites à feu moyen dans l'huile d'olive jusqu'à ce qu'elles soient fondantes. Mettez le sésame noir dans un saladier, avec un blanc d'œuf battu, et ajoutez les panais. Mélangez afin de les recouvrir et disposez-les sur la planche avec les crudités et la sauce mousseline noire.

Pour les légumes, étêtez le chou-fleur. Épluchez le radis et coupez-le en rondelles fines. Si les asperges sont fraîches, coupez le pied sur 4 ou 5 cm et épluchez la tige jusqu'à la tête. Plongez-les dans de l'eau bouillante pendant 10 min.

Réchauffez le risotto selon les indications du paquet et ajoutez-y l'encre de seiche. Mélangez afin de bien homogénéiser la couleur. Disposez dans de jolies tasses.

Pour les pizzas, étalez la pâte, répartissez dessus une fine couche de crème fraîche puis de petits cubes de mozzarella. Faites cuire 10 min juste avant de servir dans un four très chaud, à 280 °C. Coupez en parts et servez-les sur la planche, accompagnées du risotto.

> D'autres idées de noir et blanc

- du fromage pecorino,
- du lard de Colonnata,
- de l'ail noir,
- du pain noir,
- de la vanille...

> Qu'est-ce qu'on boit ?

EN BLANC

Avec alcool. Dans une coupe à champagne ou un verre à martini, mettez une boule de sorbet au citron, un trait de vodka et complétez avec du champagne.
Sans alcool. Faites de même avec une boule de sorbet coco, un trait de jus de citron et recouvrez de jus d'ananas.

EN NOIR

Avec alcool. Dans un verre à martini, mettez une goutte d'encre de seiche avec une dose de vodka, 1 trait de jus de citron, 1 c. à c. de sirop de sucre et 1 c. à s. de purée de fruit de la Passion.

LA BLANCHE

POUR
6 PERSONNES

PRÉPARATION
45 MIN

REPOS
4 H

CUISSON
30 MIN

CE QU'IL FAUT PRÉPARER

Panna cotta au thym

Tartare de cabillaud à la crème de coco

Pommes de terre à la crème et au haddock

LE TOUT PRÊT

100 g de champignons de Paris

200 g de cottage cheese ou de fromage frais

400 g de risotto au fromage
(dans les épiceries de produits surgelés)

INGRÉDIENTS

40 cl de crème fraîche liquide entière
10 branches de thym frais
2 feuilles de gélatine
Le zeste de 1 citron jaune
500 g de dos de cabillaud
Le zeste et le jus de 1 citron jaune
4 c. à s. de crème de coco
6 pommes de terre type amandines ou rosevals
10 cl de crème fraîche épaisse
100 g de filet de haddock
Sel, poivre

Pour les panna cotta, faites tremper les feuilles de gélatine dans de l'eau froide. Effeuillez le thym et mettez-le dans une casserole avec la crème fraîche liquide. Portez à ébullition puis coupez le feu. Égouttez la gélatine et ajoutez-la à la crème. Assaisonnez avec du sel, du poivre et versez dans de jolies verrines ou tasses. Réservez au frais pendant au moins 4 h. Au moment de servir, déposez le zeste de citron sur les panna cotta.

Pour le tartare, épongez le poisson avec du papier absorbant et coupez-le en cubes de 0,5 cm de côté. Mélangez-le avec le zeste et le jus de citron. Laissez reposer 30 min. Égouttez le poisson et épongez-le à nouveau avec du papier absorbant. Dans un saladier, mélangez le tartare avec du sel, du poivre et la crème de coco. Répartissez dans des verrines.

Épluchez les pommes de terre et faites-les cuire 20 min dans de l'eau bouillante salée. Sortez-les de l'eau lorsqu'elles sont fondantes. Égouttez et coupez-les en rondelles de 1 cm d'épaisseur. Laissez tiédir et mettez sur chaque rondelle une noisette de crème fraîche épaisse. Coupez en fines tranches le haddock et répartissez sur les pommes de terre. Ajoutez un peu de poivre du moulin.

Retirez le pied terreux des champignons et coupez-les en quatre. Mettez le fromage frais avec du poivre dans un ramequin et servez avec les champignons.

Réchauffez le risotto selon les indications du paquet. Disposez dans de jolies tasses.

Dressez le tout sur la planche et servez.

> D'autres idées de produits tout blancs

Du blanc de poulet, du blanc de seiche, du sésame blanc, du radis blanc, des asperges blanches, du riz blanc, des macarons tout blancs...

> Qu'est-ce qu'on boit ?

Avec alcool. Versez dans un shaker rempli de glaçons 2 cl de vermouth blanc et 5 cl de gin. Secouez vigoureusement et filtrez au travers d'une passoire votre Dry Martini. Décorez avec de petites allumettes de gingembre frais et un oignon au vinaigre.
Sans alcool. Mixez au blender 1 kg de tomates avec 1 c. à c. de sel. Versez la purée de tomate dans un chinois étamine. Laissez reposer ainsi 2 h. Seul un jus transparent va s'en écouler. Assaisonnez ce jus comme un jus de tomate traditionnel avec 1 quartier de citron, du sel de céleri, du poivre et une goutte de Tabasco®. Utilisez la chair restante pour faire une confiture de tomate (p. 71).

LA RAINBOW

POUR
6 PERSONNES

PRÉPARATION
40 MIN

CUISSON
20 MIN

CE QU'IL FAUT PRÉPARER

Gaspacho de concombre

Brochettes pastèque-feta

Salade d'oranges

LE TOUT PRÊT

Dips de fromage blanc (p. 37)

Guacamole de brocoli (p. 56)

300 g de tomates cerises de toutes les couleurs

300 g de carottes multicolores

150 g de pesto frais (au rayon traiteur de votre supermarché)

INGRÉDIENTS

½ concombre
½ gousse d'ail
1 yaourt type velouté
Le jus de ½ citron jaune
1 tranche de pain de campagne
2 c. à s. d'huile d'olive
2 brins de menthe
1 tranche de pastèque
200 g de feta
10 cl de concentré de balsamique
3 oranges navels
½ oignon rouge
Sel, poivre

Pour les dips et les légumes, rincez les tomates, épluchez les carottes, coupez-les en tronçons de 4 ou 5 cm puis détaillez-les en bâtonnets. Disposez sur la planche les crudités et les sauces et réservez au frais.

Pour le gaspacho, épluchez le concombre et l'ail. Coupez-les en gros morceaux et mettez-les dans la cuve d'un robot avec le yaourt, le jus de citron, le pain émietté, 2 c. à s. d'huile d'olive, du sel et du poivre. Mixez jusqu'à l'obtention d'une soupe fine et homogène. Passez au tamis en écrasant bien avec le dos d'une louche ou d'une grande cuillère. Rectifiez l'assaisonnement et répartissez dans de jolies tasses. Décorez avec des petites feuilles de menthe.

Pour les brochettes, épluchez la pastèque et coupez-la en cubes de 2 cm de côté. Égouttez la feta et coupez-la en cubes de 1 cm de côté. Piquez 1 cube de pastèque avec 1 cube de feta et déposez une goutte de vinaigre balsamique. Disposez les brochettes sur la planche.

Pour la salade, levez les suprêmes d'orange et gardez les bouts et les cœurs pour en presser le jus. Répartissez les suprêmes dans 6 petites tasses. Épluchez et émincez finement l'oignon rouge, puis mélangez-le avec les oranges, un peu d'huile d'olive, du sel et du poivre.

Dressez le tout sur la planche et servez.

> Qu'est-ce qu'on boit ?

Mixez le reste de pastèque dans un blender afin d'obtenir une purée fine et liquide.
Avec alcool. Dans un verre, mettez 10 cl de purée de pastèque avec le jus de ¼ de citron vert, 1 c. à c. de sirop de sucre de canne et 5 cl de vodka. Ajoutez des glaçons, mélangez et décorez avec quelques feuilles de coriandre.
Sans alcool. Mélangez la purée avec le jus des bouts et des cœurs d'orange. Ajoutez quelques feuilles de menthe, des glaçons et un peu d'eau gazeuse.

TOUT ROUGE

POUR
6 PERSONNES

PRÉPARATION
40 MIN

CUISSON
40 MIN

REPOS
30 MIN

CE QU'IL FAUT PRÉPARER

Poulet tandoori et confiture de tomate*

Tartare de betterave

Carpaccio d'orange et de canard

Mini-brochettes tomates cerises et pastèque

LE TOUT PRÊT

Chips de légumes

400 g de tomates confites (au rayon frais de votre supermarché)

INGRÉDIENTS

600 g de tomates romas
4 c. à s. de cassonade
300 g d'aiguillettes de poulet
1 c. à s. d'épices tandoori
4 c. à s. d'huile végétale
1 betterave entière cuite
2 gousses d'ail émincées
6 c. à s. d'huile d'olive
2 c. à s. de mayonnaise (au rayon frais)
¼ d'oignon rouge
1 c. à c. de câpres
6 cornichons
Tabasco®
Sauce Worcestershire
1 magret de canard fumé tranché
2 oranges
250 g de tomates cerises
400 g de pastèque
Quelques gouttes de crème de balsamique
Sel, poivre

Pour la confiture de tomate*, retirez le pédoncule des tomates romas et incisez-les en croix à la base. Plongez-les 1 min dans de l'eau bouillante puis passez-les sous l'eau froide. Épluchez et coupez-les en deux, retirez les graines et hachez-les. Mettez les tomates dans une casserole avec la cassonade, du sel, du poivre. Faites cuire à feu doux pendant 30 min. La confiture doit être rouge foncé et sans eau de végétation. Réservez.

Pour le poulet, faites mariner 30 min dans un saladier les aiguillettes de poulet avec les épices tandoori, du sel et du poivre et l'huile végétale. Dans une poêle à feu moyen, faites revenir le poulet 4 ou 5 min de chaque côté. Déposez les aiguillettes dans un bol.

Pour le tartare de betterave, détaillez la betterave en petits dés de 0,5 cm de côté et assaisonnez avec l'ail, l'huile, la mayonnaise, l'oignon rouge haché, les câpres et les cornichons hachés. Ajoutez quelques gouttes de Tabasco® et de sauce Worcestershire, et du poivre.

Pour le carpaccio d'orange et de canard, retirez à l'aide d'un couteau bien aiguisé les bouts ronds de 2 oranges. Détaillez en fines tranches de 0,5 cm. Sur un petit plat, alternez les rondelles d'orange avec les tranches de magret de canard fumé. Salez, poivrez.

Pour les mini-brochettes, piquez sur des cure-dents 1 tomate cerise avec 1 cube de pastèque et assaisonnez de quelques gouttes de crème de balsamique.

Sur votre planche, disposez les tomates confites, le poulet avec la confiture de tomate, et ajoutez le tartare de betterave et le carpaccio. Décorez avec les chips de légumes et les brochettes.

> Qu'est-ce qu'on boit ?

Avec alcool. Un Mojito à la framboise. Dans un grand verre, mettez 1 c. à s. de framboises fraîches avec 1 c. à s. de sirop de sucre de canne, ½ citron coupé en fines rondelles et 2 tiges de menthe. À l'aide d'un pilon, écrasez le tout puis ajoutez 5 cl de rhum blanc agricole, 10 cl d'eau gazeuse et beaucoup de glaçons. **Sans alcool.** Faites infuser dans 1 l d'eau chaude 2 c. à s. de fleur de bissap (pétales d'hibiscus). Au bout de 10 min, filtrez votre boisson et ajoutez le jus de 2 citrons verts, 4 c. à s. de sirop de sucre de canne, le jus de 2 oranges sanguines et une pomme golden coupée en fines tranches. Ajoutez 1 poignée de glaçons et servez.

LES EXCLUSIVES

LA MINI

POUR
6 PERSONNES

PRÉPARATION
35 MIN

CUISSON
10 MIN

CE QU'IL FAUT PRÉPARER

Poulet tex-mex

Roulés de courgette à la mozzarella

Mini-poivrons farcis à la tomate

LE TOUT PRÊT

1 botte de mini-carottes

1 botte de radis longs

1 boîte de mini-épis de maïs

250 g de tomates cerises

200 g d'olives marinées

INGRÉDIENTS

1 kg d'ailes de poulet nature (demandez à votre boucher)
2 c. à s. de sauce soja salée
1 c. à c. de miel
1 c. à c. d'épices tex-mex
24 œufs de caille
4 mini-courgettes
250 g de billes de mozzarella de bufflonne
4 brins de basilic
Le jus de ½ citron jaune
6 mini-poivrons
2 tomates
1 c. à c. d'origan
1 c. à c. de câpres surfines
6 c. à s. d'huile d'olive
100 g de feta
1 c. à c. de concentré de balsamique
Sel, poivre

Pour le poulet, mélangez dans un bol la sauce soja avec le miel et les épices. Badigeonnez-en le poulet et laissez reposer, le temps de préparer le reste.

Faites cuire les œufs de caille 3 min dans de l'eau bouillante. Égouttez-les et plongez-les dans de l'eau glacée. Écalez-les puis coupez-les en deux.

Pour les roulés, éboutez les courgettes. Coupez-les en très fines tranches à l'aide d'une mandoline ou d'un économe. Mettez-les à plat sur une planche et placez, au centre de chacune, une bille de mozzarella et une feuille de basilic. Roulez la courgette sur la mozzarella et fermez à l'aide d'un cure-dent. Assaisonnez avant de servir de quelques gouttes de jus de citron, d'huile d'olive, de sel et de poivre.

Pour les poivrons farcis, retirez le pédoncule des tomates et incisez la base en croix. Ébouillantez-les 1 min avant de les éplucher. Hachez la chair et mélangez-la avec l'origan, les câpres, du sel, du poivre, 2 c. à s. d'huile d'olive et la feta coupée en petits cubes. Coupez les poivrons en deux dans le sens de la longueur et retirez le pédoncule, les graines et les membranes blanches. Farcissez-les avec la salade de tomate. Décorez avec une goutte de concentré de balsamique.

Pour les crudités, brossez les mini-carottes et laissez-leur 3 ou 4 cm de fanes. Rincez et équeutez les radis. Rincez les tomates cerises et le maïs. Mettez les olives marinées dans un joli bol.

Dans une poêle chaude avec un peu d'huile végétale, faites revenir les ailes de poulet 2 ou 3 min de chaque côté afin de bien les faire caraméliser. Disposez-les bien chaudes sur la planche avec le reste des préparations.

> Variantes
D'autres mini-produits ? Des fraises, des framboises, des mini-poireaux ou des mini-navets à faire cuire dans l'eau bouillante salée, des mini-aubergines à faire griller, des pommes de terre grenailles, etc.

> Qu'est-ce qu'on boit ?
Avec alcool. Dans un grand verre, mettez le jus de 1 citron avec 1 c. à s. de sirop de sureau. Ajoutez 5 cl de vodka et 10 cl d'eau gazeuse, des glaçons et des fleurs comestibles pour la décoration.
Sans alcool. Dans un grand verre, pressez le jus de 1 citron. Ajoutez 2 pincées de fleur de sel, 1 c. à c. de sucre, des glaçons et de l'eau plate ou gazeuse selon votre goût. Mélangez et servez.

TOUT CRU POISSON

POUR
6 PERSONNES

PRÉPARATION
40 MIN

CUISSON
5 MIN

CE QU'IL FAUT PRÉPARER

Salade de radis roses

Tataki de thon

Carpaccio de cabillaud

Tartare de crevette

LE TOUT PRÊT

2 petits concombres bio

1 radis noir

1 radis blanc

Galettes de blé noir (au rayon frais de votre supermarché)

INGRÉDIENTS

1 yaourt à la grecque
1 botte de radis roses
1 c. à c. d'épices garam masala
200 g de thon albacore (idéalement en un morceau)
2 c. à s. de sésame
1 c. à c. d'huile de sésame
2 c. à s. de sauce soja
10 brins de coriandre
200 g de dos de cabillaud
½ botte de ciboulette
Le jus de ½ citron jaune
4 c. à s. d'huile d'olive
200 g de crevettes crues décortiquées
1 oignon nouveau
2 fruits de la Passion
4 c. à s. d'huile végétale
Sel, poivre

Pour la salade, retirez la racine et les fanes des radis roses. Rincez et râpez-les à l'aide d'une râpe fine. Saupoudrez de sel et laissez reposer le temps de préparer le reste de la recette. Juste avant de servir, mélangez les radis râpés avec le yaourt, les épices garam masala, du sel et du poivre.

Pour le thon, dans une poêle très chaude et sans matière grasse, faites dorer le thon 1 min de chaque côté. Retirez-le de la poêle et trempez-le dans de l'eau glacée pendant 2 ou 3 min. Égouttez et épongez le thon. Saupoudrez de sésame puis coupez-le en tranches de 2 ou 3 mm d'épaisseur. Assaisonnez avec l'huile de sésame, la sauce soja et la coriandre.

Pour le cabillaud, coupez-le en fines tranches et disposez-les sur un petit plat. Émincez finement la ciboulette et saupoudrez-en votre carpaccio. Assaisonnez avec le jus de citron, l'huile d'olive, du sel et du poivre.

Pour les crevettes, taillez la chair en petits cubes de 3 ou 4 mm de côté. Émincez finement l'oignon nouveau. Coupez les fruits de la Passion en deux et passez le jus et les graines au travers d'un tamis en appuyant fortement dessus. Assaisonnez les crevettes avec le jus, du sel, du poivre, l'oignon nouveau et l'huile végétale. Dressez dans de jolies petites tasses.

Pour les légumes, épluchez les radis noir et blanc et coupez-les en rondelles. Rincez les concombres et émincez-les.

Dressez les préparations au poisson sur la planche et entourez-les des rondelles de légumes, de triangles de galettes de blé noir chauffées au four et de la salade de radis.

> Conseil
Vous pouvez pimenter un peu le thon en ajoutant dans l'huile de sésame 1 ou 2 pincées de piment d'Espelette.
Privilégiez l'huile de sésame élaborée en France, au goût plus fin et moins puissant que celle venant de Chine.

> Qu'est-ce qu'on boit ?
Avec alcool. Pour accompagner les poissons crus, rien de mieux que la bière. Essayez de trouver des bières de petits producteurs. Les bières ambrées et rousses se marient à merveille avec ce type de recettes ; par ailleurs, on trouve aujourd'hui des bières sans alcool tout aussi délicieuses.
Sans alcool. Faites infuser dans une grande carafe les rondelles de ½ concombre avec des quartiers de pamplemousse et 2 cm de gingembre finement coupé en tranches.

TOUT CRU VIANDE

POUR
6 PERSONNES

PRÉPARATION
40 MIN

CUISSON
15 MIN

CE QU'IL FAUT PRÉPARER

Pommes grenailles

Magret de canard fumé à l'orange

Tartare de veau

Carpaccio de bœuf

LE TOUT PRÊT

1 sachet de chips de légumes

1 pain de seigle

—— INGRÉDIENTS

600 g de pommes de terre grenailles
25 g de beurre
6 c. à s. d'huile d'olive
Herbes de Provence
1 magret de canard fumé tranché
3 oranges navels
200 g de filet de veau
50 g de fromage Ossau-Iraty
4 à 6 cerises dénoyautées
3 c. à s. d'huile végétale
200 g de filet de bœuf
50 g de copeaux de parmesan
1 c. à s. de câpres surfines
1 poignée de roquette
Sel, poivre

Pour les pommes grenailles, mettez le beurre avec la moitié de l'huile d'olive dans une poêle chaude, avec du sel, du poivre, les herbes de Provence et les pommes de terre. Faites cuire à feu moyen et à couvert pendant 12 à 15 min. Réservez au chaud.

Pour le magret, levez les suprêmes d'agrume. Gardez le cœur de l'orange pour en presser le jus. Roulez chaque suprême dans une tranche de magret de canard fumé et maintenez le tout à l'aide d'un cure-dent.

Pour le tartare de veau, coupez le filet de veau, le fromage et les cerises en petits cubes de 3 ou 4 mm de côté. Mélangez le tout avec du sel, du poivre et l'huile végétale. Répartissez le tartare dans de jolies tasses.

Pour le carpaccio, coupez le filet de bœuf en fines tranches et répartissez-les directement sur la planche. Assaisonnez avec l'huile d'olive restante, du sel, du poivre, les copeaux de parmesan, les câpres et la roquette.

Dressez les viandes sur la planche avec des tranches de pain de seigle, les chips de légumes et les pommes grenailles.

> Conseil
Vous pouvez faire vous-même vos chips de légumes : coupez des carottes, navets, betteraves, céleri et pommes de terre en tranches très fines. Mélangez-les légumes et disposez-les sans les entasser sur une feuille de papier cuisson placée directement sur la grille du four. Arrosez de 3 ou 4 c. à s. d'huile végétale, de sel et de poivre et enfournez 12 à 15 min à 180 °C. Laissez refroidir avant de servir.

> Qu'est-ce qu'on boit ?
Avec alcool. La viande crue se marie très bien avec des vins blancs secs et comme on a ici du fromage basque, allez donc chercher de ce côté pour choisir vos vins : irouleguy ou txakoli, des vins élaborés sur la côte basque.
Sans alcool. Faites infuser dans un grand verre 1 sachet de rooibos, laissez refroidir et ajoutez un quartier de citron et 1 c. à c. de sirop de grenadine artisanal. Ajoutez quelques glaçons et servez.

LA PORCINE

POUR
6 PERSONNES

PRÉPARATION
20 MIN

CUISSON
45 MIN

CE QU'IL FAUT PRÉPARER

*Confiture d'oignon**

Cornichons et pickles maison (p. 30-31)

LE TOUT PRÊT

1 baguette de pain de qualité

2 bottes de radis ronds et longs

250 g de tomates cerises de toutes les couleurs

6 tranches de jambon blanc truffé

6 tranches de jambon serrano espagnol

1 saucisson sec de qualité coupé en fines tranches

250 g de pâté de campagne artisanal

300 g de rillettes de porc

6 tranches de coppa

1 paquet de gressins

INGRÉDIENTS

2 oignons
25 g de beurre
25 g de cassonade
10 cl de crème de cassis
10 cl de vin rouge
Sel, poivre

Pour la confiture d'oignon*, épluchez et émincez les oignons. Dans une casserole, faites-les cuire à feu moyen avec le beurre, du sel et du poivre pendant 10 min. Ajoutez la cassonade et laissez à nouveau cuire sans cesser de mélanger pendant 2 ou 3 min. Versez la crème de cassis et le vin rouge et laissez-les complètement s'évaporer à feu doux. Coupez le feu et réservez.
Détaillez la baguette en fines tranches et faites-les sécher 20 min dans le four à 150 °C.

Rincez les radis et les tomates. Disposez-les sur la planche avec les tranches de jambon, le saucisson, les cornichons, les pickles, la confiture d'oignon, le pâté et la moitié des rillettes. Enroulez les tranches de coppa sur 6 gressins et mettez le reste dans un verre large.

Dans une poêle, faites griller à feu moyen le reste de rillettes jusqu'à ce qu'elles soient bien dorées. Mettez alors l'équivalent de 1 c. à c. sur 6 tranches de pain grillé et répartissez sur la planche. Servez chaud et accompagnez du reste de pain grillé.

> Conseils

Approvisionnez-vous chez votre boucher pour proposer de la charcuterie de qualité à vos convives. Donnez une touche espagnole en frottant les croûtons avec un peu d'ail cru et en y ajoutant 1 c. à c. de purée de tomate fraîche.
Les produits porcins sont infinis, n'hésitez donc pas à varier en fonction de la région dans laquelle vous êtes, et aussi à découvrir de délicieuses charcuteries d'autres pays telles que le chorizo espagnol, le salami italien, etc.

> Qu'est-ce qu'on boit ?

Avec alcool. Bière blonde et vin blanc sec sont les meilleurs amis du cochon.
Sans alcool. Essayez ce mariage détonnant : cochon et thé fumé. Le thé fumé est souvent très fort. C'est pourquoi, lorsque je fais un tel accompagnement, je mets dans un infuseur pour moitié un thé noir (ceylan ou darjeeling) et pour moitié du thé fumé. À servir chaud, sans sucre et sans lait.

TOUT CRU LÉGUMES

POUR
6 PERSONNES

PRÉPARATION
40 MIN

CUISSON
30 MIN

CE QU'IL FAUT PRÉPARER

Galette de pois chiche

*Houmous**

LE TOUT PRÊT

200 g de pesto au basilic

250 g de tomates cerises

4 mini-courgettes

2 concombres

2 mangues vertes

1 melon de Cavaillon

INGRÉDIENTS

250 g de farine de pois chiche
1 cube de bouillon de légumes bio
8 c. à s. d'huile d'olive
50 g de parmesan râpé
1 boîte de conserve de pois chiches cuits (environ 250 g une fois égouttés)
Le jus de ½ citron jaune
2 c. à s. de tahiné
1 c. à s. de beurre de noix de cajou
Fleur de sel, poivre du moulin

Pour la galette de pois chiche, délayez le cube de bouillon de légumes dans 75 cl d'eau chaude. Ajoutez du sel, du poivre, la moitié de l'huile d'olive, le parmesan râpé et la farine de pois chiche. Dans un grand plat rond allant au four (type poêle à paella) chemisé d'une feuille de papier cuisson, versez la pâte de pois chiche. Enfournez à 180 °C pendant 30 min.

Pour le houmous*, égouttez les pois chiches et mettez-les dans le bol d'un robot avec le jus de citron, le reste d'huile d'olive, le tahiné et le beurre de noix de cajou, du sel et du poivre. Mixez jusqu'à l'obtention d'une pâte homogène. Rectifiez l'assaisonnement et réservez.

Pour les fruits et légumes, éboutez les courgettes et coupez-les en bâtonnets. Épluchez puis taillez les concombres et la mangue en bâtonnets. Coupez le melon en deux, retirez les graines et détaillez la chair en cubes.

Sur une grande planche, déposez les tomates cerises et les bâtonnets de légumes et de mangue, accompagnés du pesto et du houmous dans de jolis bols. Sortez la galette de pois chiche du four, détaillez-la en petits disques à l'aide d'un emporte-pièce et ajoutez-les sur la planche. Terminez avec les cubes de melon que vous saupoudrez généreusement de poivre et de fleur de sel.

> Variantes

• Du yaourt mélangé avec des zestes de citron, de l'huile d'olive et de la ciboulette.
• Un pesto de roquette : mixez 50 g de roquette avec 3 c. à s. de chapelure, 2 c. à s. de parmesan et 10 cl d'huile d'olive.
• Un pesto de courgette : faites comme pour le pesto de roquette, mais ne gardez que la chair bien verte de 2 petites courgettes que vous mixez avec une dizaine de feuilles de basilic, 2 c. à s. d'amandes effilées grillées, 2 c. à s. de pecorino, du poivre et 5 cl d'huile d'olive.

> Qu'est-ce qu'on boit ?

Des légumes !
Sans alcool. Passez dans une centrifugeuse ou un extracteur de jus 1 concombre, 1 courgette, 4 tomates, 1 radis et 3 cm de gingembre. Ajoutez le jus de 1 citron, beaucoup de glaçons et une pointe de sel. Servez bien frais.
Avec alcool. Et pour ceux qui veulent un peu d'ivresse en plus des vitamines et des minéraux, ajoutez dans leur verre 4 cl de tequila reposado ou añejo.

TOUT TOMATE

POUR
6 PERSONNES

PRÉPARATION
40 MIN

CUISSON
45 MIN

CE QU'IL FAUT PRÉPARER

*Confiture de tomate**

Tarte à la tomate

LE TOUT PRÊT

250 g de tomates confites (au rayon frais de votre supermarché)

400 g de tomates cerises de toutes les couleurs

1 pot de tomates séchées

300 g de fromage de brebis Ossau-Iraty

400 g de tomates cocktail

1 bon pain au levain

INGRÉDIENTS

1 kg de tomates cornues des Andes
100 g de cassonade
1 rouleau de pâte feuilletée
1 c. à s. de moutarde de Dijon
4 c. à s. d'huile d'olive
50 g de comté râpé
Sel, poivre

Pour la confiture de tomate*, procédez comme indiqué p. 71, avec la moitié des tomates et la cassonade.

Pour la tarte, préchauffez le four à 180 °C. Disposez le d sque de pâte feuilletée sur une feuille de papier sulfurisé. Étalez sur toute la surface la moutarde de Dijon. Coupez le reste des tomates cornues des Andes en rondelles et disposez-les en rosace sur le disque de pâte. Saupoudrez de comté râpé, de sel, de poivre et de 4 c. à s. d'huile d'olive. Enfournez 12 à 15 min. La pâte doit dorer et le fromage gratiner.

Sortez du four, découpez de petites parts et disposez-les sur votre planche avec la confiture de tomate, l'Ossau-Iraty coupé en bâtonnets, les tomates confites et le pain, les tomates séchées, les tomates cocktail et les tomates cerises.

> Variantes
D'autres idées avec des tomates :
• un tartare de tomate au basilic et à la ciboulette,
• des brochettes de tomates cerises, framboises et fraises,
• un gaspacho de tomate, à l'oignon et au gingembre glacé,
• un sorbet à la tomate...

> Qu'est-ce qu'on boit ?
Du jus de tomate frais. Mixez longuement 1 kg de tomates. Passez la purée au moulin à légumes muni d'une grille fine. Versez le jus dans une carafe avec le jus de 1 citron, 1 poignée de glaçons, du sel de céleri, du poivre noir et 2 pincées de piment d'Espelette. Mélangez bien et servez avec ou sans vodka. Si le jus de tomate est trop épais, ajoutez 1 verre d'eau pour le liquéfier.

L'AROMATIQUE

POUR 6 PERSONNES | PRÉPARATION 40 MIN | CUISSON 10 MIN | REPOS 4 H

CE QU'IL FAUT PRÉPARER

Crème de mozzarella

Sauce au concombre et à la menthe

Tartare d'avocat

Huile de basilic

Samoussas fromage frais-estragon

LE TOUT PRÊT

1 concombre

6 carottes de couleurs différentes

1 poivron jaune

1 poivron orange

1 poivron vert

½ chou-fleur

250 g de tomates cerises de toutes les couleurs

6 pains pitas

INGRÉDIENTS

2 boules de mozzarella
10 cl de crème fraîche liquide
2 concombres
½ botte de menthe
1 yaourt à la grecque
2 avocats
1 botte de coriandre
½ oignon rouge
Le jus de 1 citron vert
3 feuilles de brick
½ botte d'estragon
250 g de fromage frais
6 c. à s. d'huile végétale
Sel, poivre

Pour la crème de mozzarella, égouttez et coupez la mozzarella en petits dés. Mélangez-la avec la crème fraîche et laissez reposer 4 h au frais en mélangeant de temps en temps. Assaisonnez avec un peu de sel et de poivre.

Pour la sauce, rincez et râpez finement les concombres avec la peau. Pressez la chair dans un tamis afin de récupérer un maximum de jus, en prenant soin de le réserver. Effeuillez et émincez la menthe. Dans un bol, mélangez le yaourt avec la chair de concombre, la menthe, du sel et du poivre.

Pour le tartare, coupez les avocats en deux et taillez la chair en cubes de 0,5 cm de côté. Effeuillez la coriandre et hachez l'oignon rouge. Mélangez-les avec l'avocat, le jus de citron vert, du sel et du poivre. Placez dans de jolies verrines ou tasses.

Pour les samoussas, effeuillez l'estragon et mélangez-le avec le fromage frais et du poivre. Coupez les feuilles de brick en bandes de 4 cm de large. Déposez 1 c. à s. de fromage à l'estragon à l'extrémité de la bande, et repliez sur la farce de façon à former un triangle. Pliez ce triangle sur lui-même, dans le sens inverse, et répétez jusqu'au bout de la bande. Coincez le petit morceau de bande restante dans le samoussa obtenu. Faites de même avec le reste de fromage et de feuilles de brick. Dans une poêle, avec un peu d'huile végétale, faites dorer vos samoussas et gardez au chaud jusqu'au moment de servir.

Pour les crudités, rincez les légumes, épluchez le concombre et les carottes, retirez le pédoncule, les graines et les membranes blanches des poivrons. Détaillez le tout en bâtonnets, coupez les sommités du chou-fleur.

Disposez sur une planche les crudités, les tomates cerises, le pain pita coupé en quartiers et les préparations.

> Qu'est-ce qu'on boit ?
Sans alcool. Le jus de concombre est une merveille juste avec un peu de sel de céleri et une goutte de Tabasco®.
Avec alcool. Dans un petit verre, 4 cl de jus de concombre, autant de vodka et des glaçons ; ou 5 cl de jus de concombre, autant de gin, 10 cl d'indian tonic, des glaçons et des feuilles de menthe.

LA VÉGÉTARIENNE

POUR
6 PERSONNES

PRÉPARATION
30 MIN

CUISSON
50 MIN

CE QU'IL FAUT PRÉPARER

Cake au thym et aux tomates séchées

Frites de feta au sésame

Œufs brouillés

LE TOUT PRÊT

1 concombre

6 carottes de couleurs différentes

1 poivron jaune

1 poivron orange

1 poivron vert

½ chou-fleur

1 endive rouge

250 g de tomates cerises de toutes les couleurs

INGRÉDIENTS

200 g de farine
½ sachet de levure chimique
10 œufs extra-frais
15 cl d'huile d'olive
10 cl de lait
2 c. à c. de fleur de thym
100 g de tomates séchées
200 g de feta
2 c. à s. de sésame doré
2 c. à s. de sésame noir
½ c. à c. de piment d'Espelette
10 cl de crème fraîche liquide entière
25 g de beurre
½ botte de ciboulette
Sel, poivre

Pour le cake, préchauffez le four à 180 °C. Dans un saladier, tamisez ensemble la farine et la levure chimique. Cassez au centre 3 œufs et ajoutez 10 cl d'huile d'olive. Mélangez puis continuez avec le lait jusqu'à ce que vous obteniez une pâte homogène. Assaisonnez avec le thym, du sel, du poivre et les tomates séchées. Versez la pâte dans un moule à cake antiadhésif et enfournez pour 35 à 40 min. Sortez du four, démoulez et laissez tiédir avant de couper le cake en tranches.

Pour les frites de feta, égouttez la feta et coupez-la en rectangles de 1 x 3 cm. Dans un bol, battez le dernier œuf. Dans un autre bol, mélangez les graines de sésame et le piment d'Espelette. Trempez les rectangles de feta dans l'œuf puis dans le sésame et déposez-les dans un plat à gratin antiadhésif. Arrosez d'huile d'olive et enfournez 10 min à 180 °C. Sortez du four et laissez tiédir quelques minutes avant de servir.

Pour les œufs brouillés, versez les œufs avec la crème dans un saladier et fouettez rapidement avec un peu de sel et de poivre. Dans une casserole, faites mousser le beurre et versez-y la préparation, puis faites cuire à feu doux sans cesser de remuer jusqu'à ce que la moitié des œufs soient coagulés. Stoppez la cuisson en versant les œufs dans un saladier froid et ajoutez la ciboulette hachée. Dressez dans un joli bol.

Préparez les crudités comme indiqué p. 87, effeuillez l'endive et disposez sur votre planche tous les légumes. Ajoutez toutes vos préparations et dégustez.

> Qu'est-ce qu'on boit ?
De l'indian tonic.
Avec alcool. Avec un vermouth rouge artisanal et un quartier d'orange.
Sans alcool. Avec du jus de citron vert et des quartiers de pêche pour une version légère.
Dans les deux cas, dans un très grand verre avec beaucoup de glaçons.

LA VEGAN, PARTIE 1

POUR
6 PERSONNES

PRÉPARATION
30 MIN

CUISSON
1 H 20

CE QU'IL FAUT PRÉPARER

*Caviar d'aubergine**
Makis vegan
Frites de courgette
Sauce végétale

LE TOUT PRÊT

1 concombre
6 carottes de couleurs différentes
1 poivron jaune
1 poivron orange
1 poivron vert
½ chou-fleur
1 endive rouge
250 g de tomates cerises de toutes les couleurs

INGRÉDIENTS

2 aubergines
1,5 gousse d'ail
1 c. à s. de tahiné
8 c. à s. d'huile d'olive
Le jus de 2 citrons
225 g de riz rond à sushi
3 c. à c. de sucre
5 cl de vinaigre de riz
1 petit concombre
2 carottes orange
1 avocat
4 feuilles d'algues nori
150 g de fromage frais végétal
2 pincées d'épices tex-mex
Sauce soja salée
2 petites courgettes
3 brins de menthe
1 yaourt au lait végétal
½ botte de ciboulette
Sel, poivre

Pour le caviar d'aubergine*, préchauffez le four à 160 °C. Piquez les aubergines à l'aide d'une fourchette et disposez-les dans un plat. Enfournez pour 1 h. Sortez les aubergines du four et coupez-les en deux. Mettez-les dans un tamis et laissez-les refroidir. Retirez la chair des aubergines et hachez-la avec 1 gousse d'ail. Assaisonnez avec le tahiné, 4 c. à s. d'huile d'olive, le jus de ½ citron, du sel et du poivre.

Pour les makis, rincez le riz sous l'eau froide puis mettez-le dans une casserole avec 40 cl d'eau froide. Portez à ébullition et laissez cuire à feu doux et à couvert jusqu'à ce que le riz ait complètement absorbé le liquide. Coupez le feu et mettez le riz dans un saladier. Dans une casserole, mettez le sucre avec le vinaigre de riz, 2 c. à s. d'eau et 1 c. à c. de sel. Faites chauffer doucement afin de dissoudre le sucre et le sel. Versez sur le riz, mélangez et laissez refroidir. Épluchez et coupez en petits bâtonnets le concombre et les carottes orange. Faites de même avec l'avocat et arrosez-les du jus de ½ citron pour éviter l'oxydation. Déposez une feuille de nori sur une natte à maki. Humidifiez-la et répartissez sur les deux tiers de la feuille une couche de riz de 1 cm d'épaisseur. Placez en une ligne, au centre de la feuille, un trait de fromage frais, un peu d'épices tex-mex, de la carotte, du concombre et de l'avocat.
Roulez le maki sur lui-même et coupez-le en 6 parts égales. Recommencez jusqu'à finir tous les ingrédients. Servez avec de la sauce soja.

Pour les frites, éboutez les courgettes et coupez-les en bâtonnets. Faites-les revenir avec le reste d'huile d'olive, du sel et du poivre dans une poêle à feu vif pendant 5 min sans cesser de remuer. Émincez finement la menthe et saupoudrez-en les courgettes.

Pour la sauce, mélangez le yaourt avec le zeste et le jus de ½ citron, ½ gousse d'ail écrasé, du sel et du poivre.

Préparez les crudités comme indiqué p. 87, effeuillez l'endive et disposez sur votre planche tous les légumes. Ajoutez toutes vos préparations et dégustez.

> Qu'est-ce qu'on boit ?
Sans alcool. Faites infuser, dans 50 cl d'eau chaude, 3 c. à s. de fleur d'hibiscus avec le jus de 1 citron vert, 2 c. à s. de cassonade. Laissez refroidir avant de servir dans de grands verres avec des glaçons et de fines tranches de pommes goldens.
Avec alcool. Ajoutez une grosse larme de rhum dans les verres de ceux qui aiment ça, ça leur donnera le sourire.

LA VEGAN, PARTIE 2

POUR 6 PERSONNES | PRÉPARATION 35 MIN | CUISSON 20 MIN

CE QU'IL FAUT PRÉPARER

Rouleaux de printemps

Pavés de riz croustillants

Sauce chimichurri

LE TOUT PRÊT

1 concombre

6 carottes de couleurs différentes

1 poivron jaune

1 poivron orange

1 poivron vert

½ chou-fleur

1 endive rouge

250 g de tomates cerises de toutes les couleurs

INGRÉDIENTS

1 sachet de vermicelles de riz
6 grandes feuilles de riz
1 poignée de pousses d'épinard ou de fleurs comestibles
Noix de cajou ou cacahuètes
2 carottes râpées
100 g de tomates cerises coupées en deux
1 avocat en lamelles

400 g de riz à sushi cuit (au rayon frais de votre supermarché ou dans un restaurant japonais)
4 c. à s. d'huile végétale
200 g de tofu soyeux
1 mélange d'herbes fraîches (coriandre, persil, ciboulette, cerfeuil, roquette...)
4 c. à s. d'huile d'olive

2 gousses d'ail
1 oignon nouveau
1 petit piment vert
1 botte de persil plat
1 botte de coriandre
½ botte de menthe
Le jus et le zeste de 1 citron
½ c. à c. de cumin en poudre
1 c. à s. d'origan
6 c. à s. d'huile d'olive
Sauce soja salée
Sel, poivre

Pour les rouleaux de printemps, portez 1 l d'eau salée à ébullition et versez dans un saladier avec les vermicelles de riz. Laissez reposer 5 à 7 min puis égouttez les vermicelles. Placez 1 feuille de riz humidifiée sur un torchon propre et mettez au centre sans aller jusqu'au bord, une ligne de pousses d'épinard ou de fleurs comestibles, ajoutez par-dessus des vermicelles de riz, les noix de cajou ou les cacahuètes et les légumes coupés. Repliez sur la garniture les bords supérieur et inférieur avant de ramener les côtés en roulant le rouleau sur lui-même. Faites de même avec les autres feuilles de riz et coupez en deux les rouleaux.

Pour les pavés de riz, façonnez le riz en disques de 6 cm de diamètre et 1 cm d'épaisseur. Dans une poêle, à feu moyen, faites dorer sur chaque face les pavés de riz avec l'huile végétale. Coupez le tofu en cubes de 2 cm de côté. Hachez le mélange d'herbes fraîches et mélangez avec du sel, du poivre et l'huile d'olive. Mettez les cubes de tofu sur les pavés et assaisonnez avec les herbes.

Pour la sauce chimichurri, pelez et coupez l'ail et l'oignon en gros morceaux. Retirez le pédoncule et les graines du piment. Rincez et effeuillez les herbes. Hachez-les finement. Dans le bol d'un robot, mettez l'ail, l'oignon, le piment, le zeste et le jus de citron. Actionnez le robot pour obtenir une pâte homogène. Ajoutez un peu d'huile si besoin. Dans un grand bol, versez la pâte, le cumin, l'origan, les herbes fraîches et l'huile. Mélangez, rectifiez l'assaisonnement.

Préparez les crudités comme indiqué p. 87, effeuillez l'endive et disposez sur votre planche tous les légumes. Ajoutez toutes vos préparations avec de la sauce soja et dégustez.

> Variantes

Tous les fruits secs sont vegan ! À vous les noix de macadamia, de cajou, du Brésil, les amandes, les pistaches...

> Qu'est-ce qu'on boit ?

Avec alcool. Faites infuser dans de l'eau chaude 1 sachet de thé vert avec 1 c. à c. de cassonade. Retirez le sachet et ajoutez dans votre thé des glaçons, 4 cl de cognac et 1 c. à c. de sauce soja salée. Mélangez et servez.

Sans alcool. Passez à la centrifugeuse 2 tomates, 1 bâton de céleri, ½ concombre et 1 petite carotte. Assaisonnez avec un peu de piment en poudre, de la sauce soja salée et beaucoup de glaçons.

LA VANILLÉE

POUR
6 PERSONNES

PRÉPARATION
40 MIN

CE QU'IL FAUT PRÉPARER

Huile et sel de vanille

Tartare de sole

Dés de tomate au citron

Brochettes pomelo-pastèque

LE TOUT PRÊT

1 concombre

6 carottes de couleurs différentes

½ chou-fleur

250 g de tomates cerises de toutes les couleurs

1 noix de coco fraîche

INGRÉDIENTS

3 gousses de vanille
10 cl d'huile d'olive
2 c. à s. de fleur de sel
300 g de filet de sole ou de bar
3 c. à s. d'huile végétale
Le zeste de 1 citron vert râpé
2 tomates cœurs de bœuf
1 tranche de pastèque
3 pomelos
Sel, poivre

Pour la vanille, coupez les gousses dans le sens de la longueur. Récupérez les graines à l'aide d'un couteau, et déposez-en un tiers dans l'huile d'olive, un tiers dans la fleur de sel et réservez un tiers pour le poisson.

Pour le tartare, coupez le poisson en petits dés. Assaisonnez avec la vanille, un peu de sel, de poivre, l'huile végétale et une pincée de zeste de citron vert. Dressez dans de jolies tasses.

Pour les dés de tomate, retirez le pédoncule des tomates et coupez-les en tranches épaisses puis en cubes de 1,5 cm de côté. Saupoudrez de zeste de citron vert.

Pour les brochettes, levez les suprêmes de pomelo. Gardez le cœur des pomelos pour en presser le jus. Retirez la peau de la pastèque et détaillez des morceaux de la même taille que les suprêmes d'agrume. Faites de petites brochettes avec 1 suprême et 1 morceau de pastèque.

Épluchez concombre et carottes. Détaillez le tout en bâtonnets, coupez les sommités du chou-fleur et disposez sur votre planche tous les légumes. Cassez la noix de coco à l'aide du fond d'une casserole ou d'un marteau propre et, en vous aidant d'une petite cuillère, retirez la chair blanche. Saupoudrez de zeste de citron vert.

Mettez l'huile de vanille dans un bol avec du sel et du poivre et placez autour les dés de tomates cœurs de bœuf et les brochettes pomelo-pastèque. Mettez la fleur de sel autour de vos crudités et le reste des préparations sur la planche et servez aussitôt.

> Conseil
Que faire avec les gousses vides ?
De l'huile de vanille : faites tremper pendant 30 jours les gousses dans une huile neutre (huile de pépins de raisin, par exemple). Du sucre vanillé : déposez les gousses dans un gros pot en verre et couvrez de cassonade. Laissez reposer 30 jours.
Du rhum arrangé : faites mariner les gousses *ad vitam æternam* dans une bouteille de rhum. À utiliser pour des flambages, des cocktails, la pâtisserie.

> Qu'est-ce qu'on boit ?
Il reste plein de pastèque !
Sans alcool. On la mixe avec le jus des cœurs de pomelo pour un délicieux jus de fruits frais.
Avec alcool. On mélange ce même jus avec 1 bouteille de crémant et 1 verre de porto blanc. Plein de glaçons, des feuilles de menthe et beaucoup de plaisir !

TOUT CHOCOLAT

POUR
6 PERSONNES

PRÉPARATION
30 MIN

CUISSON
15 MIN

REPOS
4 H

CE QU'IL FAUT PRÉPARER

Panna cotta au chocolat blanc

Mousse au chocolat

Moelleux au chocolat

LE TOUT PRÊT

125 g de framboises

250 g de fraises

1 l d'une bonne glace au chocolat

Sablés au chocolat

15 cl de coulis de framboise

—— INGRÉDIENTS

20 cl de lait frais entier
10 cl de crème fraîche liquide entière
100 g de chocolat blanc
1 feuille de gélatine
100 g de chocolat noir corsé (plus de 70 %)
75 g de beurre doux
4 œufs
125 g de chocolat noir à 60 %
125 g de cassonade
2 c. à s. de farine
Sel

Pour les panna cotta, faites tremper la gélatine dans l'eau froide. Portez à ébullition 10 cl de lait avec la crème fraîche liquide. Coupez le feu, ajoutez le chocolat blanc et la feuille de gélatine essorée et mélangez jusqu'à l'obtention d'une crème homogène. Versez dans des verrines et réservez au frais au moins 4 h.

Pour la mousse au chocolat, portez le reste du lait à ébullition. Coupez le feu et ajoutez-y le chocolat corsé cassé en petits morceaux. Laissez fondre quelques minutes avant de fouetter. Ajoutez sans cesser de remuer 15 g de beurre coupé en petits morceaux. Séparez les blancs des jaunes de 2 œufs et montez les blancs en neige avec une pointe de sel. Lorsqu'ils sont bien fermes, ajoutez les jaunes, mélangez encore 10 s et arrêtez le batteur.
Mélangez délicatement les blancs montés et le chocolat fondu. Versez dans de jolies tasses et réservez au frais au moins 4 h.

Pour le moelleux, préchauffez le four à 180 °C. Faites fondre dans une casserole le reste de beurre. Coupez le feu, ajoutez le chocolat cassé en petits morceaux. Laissez fondre quelques minutes avant de fouetter. Ajoutez la cassonade, la farine et une pincée de sel. Mélangez puis ajoutez les 2 œufs restants un à un. Versez la pâte dans un petit moule à gâteau antiadhésif et enfournez 10 à 12 min. Le gâteau doit gonfler et craqueler sur le dessus. Sortez du four et laissez refroidir.

Sur la planche, déposez les mousses et les panna cotta, ajoutez le moelleux coupé en tranches, les fruits rouges, les biscuits et de petites tasses de glace avec du coulis.

> Conseils et variantes
Vous pouvez saupoudrer un peu de sucre glace sur votre moelleux au chocolat. Préparez une sauce au chocolat pour tremper les fruits (ou, pourquoi pas, des marshmallows). Pour cela, portez à ébullition 10 cl d'eau avec 10 cl de crème fraîche liquide et 1 c. à s. de cacao en poudre. Coupez le feu et ajoutez 100 g de chocolat noir et 1 c. à s. de cassonade. Mélangez pour bien faire fondre le chocolat et laissez refroidir avant de consommer.

> Qu'est-ce qu'on boit ?
Sans alcool. Pour les adeptes de l'affogato, servez un bon expresso (classique ou décaféiné) sur une boule de glace vanille et noisette.
Avec alcool. Ajoutez de la liqueur de noisette.
Pour les amoureux du chocolat, quoi de mieux qu'un chocolat chaud de grande qualité, avec une dose de whisky pour ceux qui se sentent l'âme écossaise ?

LES RÉGIONALES

LA CORSE

POUR 6 PERSONNES | PRÉPARATION 40 MIN | LEVÉE-REPOS 2 H | CUISSON 30 MIN

CE QU'IL FAUT PRÉPARER

Pizzettas coppa et confiture d'oignon*
Beignets de brocciu
Clémentines et brocciu rôtis au miel

LE TOUT PRÊT

200 g de terrine de sanglier corse
200 g de saucisson corse
200 g de clémentines corses
100 g de noisettes entières décortiquées
250 g de fromage corse (A Filleta®, brin d'amour)
200 g de confiture d'agrumes corses
1 pain à la châtaigne

INGRÉDIENTS

½ portion de pâte à pizza (p. 27)
2 oignons rouges
25 g de beurre
2 c. à s. de cassonade
10 cl de vin rouge
10 cl de vinaigre balsamique
100 g de fromage bleu type roquefort
10 cl de crème fraîche liquide
100 g de coppa corse
80 g de farine
1 c. à c. de levure chimique
1 œuf extra-frais
200 g de brocciu (ou de brousse, son équivalent provençal)
Le zeste de 1 citron jaune de Corse
Huile de friture
Sucre semoule
6 clémentines corses
50 g de miel de châtaignier
Sel, poivre

Préchauffez le four à 180 °C.

Pour la garniture des pizzettas, préparez la confiture d'oignon* comme indiqué p. 38. Dans une casserole, faites fondre le fromage bleu émietté avec la crème. Portez à ébullition et fouettez afin de bien lier. Coupez le feu et laissez refroidir.

Pour les beignets, mélangez dans un saladier la farine avec une pincée de sel et la levure chimique. Ajoutez l'œuf et la moitié du brocciu. Ajoutez le zeste de citron à la pâte qui doit être assez épaisse. À l'aide de petites cuillères, faites des boules de pâte d'une taille légèrement inférieure à une balle de ping-pong. Dans une casserole avec de l'huile de friture chaude, faites cuire vos beignets jusqu'à ce qu'ils soient bien dorés. Égouttez-les puis roulez-les dans du sucre semoule. Réservez à température ambiante.

Pour les clémentines rôties, épluchez les clémentines et séparez-en les quartiers. Déposez-les sur une grille allant au four recouverte de papier cuisson. Mettez le reste de brocciu sur les fruits, saupoudrez de poivre, d'un trait de miel et enfournez pour 15 min à 180 °C. Disposez sur un plat et réservez au chaud.

Finalisez les pizzettas: étalez la pâte à pizza et découpez à l'aide d'un emporte-pièce 6 petites pizzas de 4 ou 5 cm de diamètre. Disposez-les sur une grille allant au four recouverte de papier cuisson. Déposez sur la pâte une fine couche de crème de fromage bleu et 1 c. à c. de confiture d'oignon puis enfournez 15 min. À la sortie du four, disposez sur chaque pizzeta de petits morceaux de coppa.

Disposez-les sur la planche avec les **clémentines** rôties, la charcuterie, le fromage, le pain en tranches, la confiture, les beignets et les noisettes

> Variante

Vous pouvez aromatiser les beignets avec des zestes de mandarine ou de clémentine (corses, bien sûr).

> Qu'est-ce qu'on boit ?

Avec alcool. Du vin et de la bière, évidemment, mais aussi des cocktails. Dans un grand verre, mettez 6 cl de muscat du Cap Corse. Ajoutez 6 cl de jus d'orange sanguine, 1 branche de romarin et 1 quartier d'orange. Beaucoup de glaçons et beaucoup de plaisir.
Sans alcool. Pressez 1 orange avec 1 clémentine et ½ pomelo. Versez dans un grand verre avec de la glace, 1 brin de thym et 2 grandes feuilles de basilic.

PALLARES
SOLSONA

L'AUVERGNATE

POUR
6 PERSONNES

PRÉPARATION
20 MIN

CE QU'IL FAUT PRÉPARER

150 g de pâte de coing (p. 33)
150 g de gelée de pomme (p. 33)
Cornichons et pickles maison (p. 30-31)

LE TOUT PRÊT

150 g de saint-nectaire fermier
150 g de bleu d'Auvergne
150 g de cantal
150 g de pâté d'Auvergne
1 petite saucisse sèche d'environ 200 g
8 tranches de jambon cru d'Auvergne
100 g de cerneaux de noix
2 pommes goldens
2 poires doyennées du Comice
1 pain de seigle auvergnat

Pour les fromages, coupez-les en morceaux de la taille d'une bouchée et disposez-les sur la planche accompagnés de la pâte de coing et de la gelée de pomme.

Pour les fruits, coupez les pommes et les poires en quartiers. Retirez le cœur et recoupez chaque quartier en deux. Déposez sur la planche.

Tranchez finement la saucisse sèche et ajoutez-la sur la planche avec le pâté, le jambon, les noix, le pain finement tranché, les cornichons et les pickles. Servez.

> Conseil

Les Auvergnats ne sont pourtant pas fainéants, mais comparée aux autres planches, celle-ci est la plus rapide et la plus facile...
Pour ajouter un peu de fantaisie à votre planche, assaisonnez la gelée de pomme avec du piment d'Espelette et saupoudrez votre pâte de coing de quelques graines de carvi.

> Qu'est-ce qu'on boit ?

Redécouvrons les plantes.
Avec alcool. La gentiane. Dans un grand verre, mettez 4 cl de gin avec 2 cl de Lillet® et 2 cl de Suze®. Ajoutez beaucoup de glaçons et 1 écorce de citron. Mélangez et servez aussitôt.
Sans alcool. La verveine du Forez. Dans une grande carafe, infusez dans de l'eau chaude 1 poignée de feuilles entières de verveine. Ajoutez 2 citrons verts en rondelles, 2 pêches blanches coupées en fines tranches et 4 c. à s. de sirop de sucre de canne.
Si vous préférez une version pétillante, infusez dans de l'eau pétillante 1 branche de verveine fraîche avec les mêmes ingrédients. Dans les deux cas, ajoutez beaucoup de glaçons !

LA BRETONNE

POUR
6 PERSONNES

PRÉPARATION
30 MIN

CUISSON
30 MIN

CE QU'IL FAUT PRÉPARER

Pommes grenailles
Rillettes de poisson
Houmous de haricot blanc (idéalement des cocos de Paimpol)

LE TOUT PRÊT

200 g d'andouille de Guéméné tranchée
6 galettes de blé noir
250 g de fraises de Plougastel
250 g de tomates cerises de Bretagne
Une douzaine de petites crêpes sucrées
200 g de coulis de caramel au beurre salé
200 g de fromage frais fouetté (au rayon des fromage frais)

INGRÉDIENTS

300 g de pommes de terre grenailles
100 g de salicornes
50 g de saindoux
200 g de restes de poissons blancs cuits
1 échalote
½ botte de ciboulette
100 g de fromage frais
½ c. à c. de baies roses
200 g de haricots blancs en conserve
1 gousse d'ail
Le jus de ½ citron jaune
4 c. à s. d'huile végétale
1 c. à s. de tahiné
10 brins de persil
Sel, poivre

Pour les pommes de terre, rincez et séchez les grenailles. Dans une grande poêle, faites-les revenir à feu moyen et à couvert dans le saindoux avec du sel et du poivre pendant 15 à 20 min en remuant souvent. Égouttez les salicornes et ajoutez-les aux pommes de terre en fin de cuisson. Réservez au chaud.

Pour les rillettes, épluchez et hachez finement l'échalote. Hachez la ciboulette. Dans un saladier, écrasez à l'aide d'une fourchette le poisson avec le fromage frais. Ajoutez du sel, du poivre, l'échalote et la ciboulette. Mettez dans un joli bol, saupoudrez de baies roses et réservez au frais.

Pour le houmous, égouttez les haricots blancs et mettez dans le bol d'un robot avec la gousse d'ail, le jus de citron, l'huile végétale, le tahiné, du sel et du poivre. Mixez jusqu'à l'obtention d'une purée lisse et homogène. Versez dans un joli plat et déposez quelques feuilles de persil par-dessus.

Sur la planche, déposez d'un côté les préparations avec la charcuterie, le fromage frais, les galettes de blé noir, les tomates cerises et de l'autre côté les crêpes, les fraises et le caramel.

> Qu'est-ce qu'on boit ?

Avec alcool. Un kir breton : dans un grand verre à vin, mettez 2 cl de calvados et 10 cl de cidre brut. Ajoutez des glaçons et 2 fines tranches de pomme.
Sans alcool. Mettez dans un grand verre 10 cl de jus de pomme bio non filtré avec 10 cl de limonade artisanale. Ajoutez le jus de ½ citron jaune, des glaçons et quelques tranches fines de pomme.

LA SAVOYARDE

POUR 6 PERSONNES | PRÉPARATION 40 MIN | CUISSON 30 MIN | REPOS 30 MIN

CE QU'IL FAUT PRÉPARER

200 g de gelée de pomme (p. 33)
Cubes de polenta
Matafan aux pommes de terre

LE TOUT PRÊT

150 g de pâté de Savoie
1 petit reblochon
200 g de beaufort d'été
6 tranches de jambon de Savoie
100 g de viande des Grisons ou de bresaola tranchée
100 g de cerneaux de noix
1 grappe de raisin noir

INGRÉDIENTS

100 g de polenta express
10 cl de crème fraîche liquide
2 cubes de bouillon de volaille bio
50 g de parmesan fraîchement râpé
4 c. à s. d'huile d'olive
2 pommes de terre
1 oignon jaune
100 g de farine
1 œuf extra-frais
20 cl de lait frais entier
100 g de lardons fumés
25 g de beurre
2 c. à s. d'huile végétale
Sel, poivre

Pour la polenta, portez à ébullition la crème fraîche liquide avec 25 cl d'eau, les cubes de bouillon, du poivre et l'huile d'olive. Versez la polenta et le parmesan en pluie et laissez cuire à feu moyen pendant 7 à 8 min sans cesser de remuer. Moulez alors la polenta dans un plat huilé, de forme carrée ou rectangulaire. Laissez reposer afin que la polenta tiédisse et durcisse. Détaillez en cubes de 2 cm de côté.

Pour le matafan, épluchez et râpez finement les pommes de terre. Déposez-les dans un saladier d'eau chaude, égouttez puis essorez-les dans un torchon. Épluchez et émincez finement l'oignon. Dans un saladier, mélangez la farine avec du sel et du poivre. Ajoutez l'œuf et le lait. Passez la pâte au travers d'un tamis pour éviter les grumeaux.
Dans une grande poêle, faites fondre le beurre avec l'huile et mettez-y les pommes de terre, les lardons et les oignons. Mélangez bien, tassez, puis versez la pâte à crêpe. Laissez cuire 8 à 10 min à feu moyen et à couvert. La pâte doit être solide sur le dessus (si ce n'est pas le cas, poursuivez la cuisson). Faites-la délicatement glisser sur une assiette puis couvrez avec la poêle. En vous aidant de chiffon pour ne pas vous brûler, retournez l'assiette sur la poêle de façon à faire griller l'autre côté du matafan. Poursuivez la cuisson pendant 10 min. Coupez le feu et laissez refroidir. Détaillez en petites parts.

Sur une grande planche, mettez les fromages avec les noix, la gelée, le raisin accompagnés de la charcuterie, des cubes de polenta et des parts de matafan.

> Qu'est-ce qu'on boit ?

Avec alcool. Dans un verre, mélangez le jus de 1 citron vert avec 10 feuilles de menthe et 5 cl de génépi ou de Chartreuse® verte. Ajoutez 10 cl de ginger ale et des glaçons. Mélangez et servez aussitôt.
Sans alcool. Faites infuser, dans 75 cl d'eau chaude, 1 sachet de tisane au tilleul, 1 sachet de verveine et 1 tige de menthe. Ajoutez le jus de 1 citron jaune, 2 c. à s. de sirop de sucre de canne et laissez refroidir. Filtrez l'infusion, ajoutez des glaçons et 1 poire mûre finement émincée.

LA BASQUE

POUR
6 PERSONNES

PRÉPARATION
30 MIN

CUISSON
4 H

REPOS
24 H

CE QU'IL FAUT PRÉPARER

Rillettes au poivre vert*
Tortilla chorizo et piment d'Espelette
Huîtres

LE TOUT PRÊT

250 g d'Ossau-Iraty
150 g de pâté du Pays basque
6 tranches de jambon basque
1 saucisson du Pays basque d'environ 200 g
200 g de confiture de cerise
1 baguette

INGRÉDIENTS

1 kg de poitrine de porc sans couenne et sans cartilage
50 g de poivre vert en saumure
1 gousse d'ail
2 cm de gingembre frais
10 cl de vin blanc frais
2 pommes de terre de type amandines ou rosevals
1 oignon jaune
½ chorizo doux
10 cl d'huile d'olive
8 œufs extra-frais
½ c. à c. de piment d'Espelette
12 huîtres n° 3
Gros sel, sel fin, poivre

La veille, préparez les rillettes* : coupez la viande en gros cubes de 3 ou 4 cm de côté. Mettez le tout dans une grande casserole avec un peu de sel, de poivre et couvrez d'eau froide. Portez à ébullition et laissez cuire 3 h en vous assurant que la viande est toujours couverte d'eau. La dernière heure, retirez le couvercle et laissez cuire en remuant souvent afin que l'eau s'évapore et que la viande commence à confire dans sa propre graisse. Ajoutez alors le vin blanc, l'ail et le gingembre hachés et le poivre vert égoutté.
Lorsque tout le liquide a disparu, coupez le feu et écrasez la viande à l'aide d'une fourchette ou d'un presse-purée. Rectifiez l'assaisonnement. Déposez le tout dans un tamis et pressez afin de retirer l'excédent de gras. Mettez vos rillettes en pot et couvrez d'une fine couche de graisse. Laissez reposer 24 h au frais avant de consommer.

Le jour même, préparez la tortilla : épluchez et émincez finement les pommes de terre et l'oignon jaune. Retirez la peau du chorizo et émincez-le finement. Dans une poêle à bords hauts, mettez l'huile d'olive et faites cuire à feu moyen les pommes de terre et l'oignon pendant 8 à 10 min. Les pommes de terre doivent être fondantes. Égouttez-les afin de retirer l'excédent d'huile, à conserver pour réaliser d'autres cuissons.
Dans un bol, battez les œufs avec du sel et du poivre. Remettez dans la poêle les pommes de terre avec le chorizo et versez dessus les œufs battus. Faites cuire à couvert et à feu doux pendant 10 min. L'omelette ne doit plus être baveuse. Si c'est le cas, poursuivez la cuisson. Faites-la délicatement glisser sur une assiette puis couvrez avec la poêle. En vous aidant d'un torchon pour ne pas vous brûler, retournez l'assiette sur la poêle de façon à faire griller l'autre côté de l'omelette. Poursuivez la cuisson 10 min. Coupez le feu et laissez refroidir.

Pour les huîtres, ouvrez-les et retirez la première eau.

Déposez sur votre planche une couche de gros sel. Calez les huîtres dessus puis déposez sur chacune une noisette de rillettes. Ajoutez le pot de rillettes, la baguette coupée en tranches, le fromage, la confiture de cerise, la tortilla coupée en cubes et la charcuterie.

> Les pintxos

Au Pays basque espagnol, comme dans la partie française, on mange des pintxos : des mets servis sur une fine tranche de pain grillé. Cela peut être de la charcuterie, des fromages, des légumes grillés, des tortillas mais aussi de la morue, des crevettes sautées, etc.

> Qu'est-ce qu'on boit ?

Le Pays basque produit de très bon vins et de très bonnes bières.
Avec alcool. Pour ceux qui veulent d'autres élixirs, mettez dans un grand verre 5 cl d'eau de vie de vieille prune du Pays basque ou de Souillac. Ajoutez 2 cl de liqueur de cerise, le jus de ½ citron et 10 cl de ginger ale. Servez avec quelques glaçons et 1 écorce de citron.
Sans alcool. Faites infuser 15 g de pétales d'hibiscus dans 1 l d'eau chaude pendant 15 min. Filtrez et ajoutez 1 poignée de cerises fraîches dénoyautées, 1 orange coupée en rondelles, 4 c. à s. de sirop de sucre de canne et 1 poignée de glaçons.

LA SUDISTE

POUR
6 PERSONNES

PRÉPARATION
30 MIN

CUISSON
40 MIN

CE QU'IL FAUT PRÉPARER

Socca
Ratatouille crue
Banons rôtis

LE TOUT PRÊT

Assortiment de crudités (p. 37)
100 g de tapenade noire
100 g de tapenade verte
100 g d'anchoïade
300 g d'olives variées
3 petits fromages de chèvre crémeux type pélardon
100 g de confiture de figue (p. 32)
1 saucisson d'Arles tranché

INGRÉDIENTS

250 g de farine de pois chiche
1 cube de bouillon de légumes bio
1 c. à c. d'herbes de Provence
10 c. à s. d'huile d'olive
1 petite courgette verte
½ poivron rouge
1 oignon nouveau
1 tomate cœur de bœuf ou cornue des Andes
200 g de caviar d'aubergine* (p. 126)
Le jus de ½ citron
Les tiges vertes d'un fenouil bulbe
3 banons de Provence
Fleur de sel, poivre du moulin

Pour la socca, préchauffez le four à 180 °C. Délayez le cube de bouillon dans 75 cl d'eau chaude. Ajoutez du sel, du poivre, les herbes de Provence, la moitié de l'huile d'olive et la farine de pois chiche. Dans un grand plat rond allant au four (type poêle à paella) chemisé de papier cuisson, versez la pâte de pois chiche. Enfournez pour 30 min.

Pour la ratatouille, éboutez la courgette et coupez-la en quatre dans la longueur afin de retirer les graines. Détaillez-la en petits dés de 2 ou 3 mm de côté. Coupez le poivron en deux et retirez les graines et les membranes blanches. Coupez-le en dés de la même taille. Émincez finement l'oignon nouveau. Ébouillantez la tomate 1 min, retirez le pédoncule et la peau. Hachez finement la chair. Mélangez les légumes taillés avec le caviar d'aubergine* et assaisonnez-les avec du sel, du poivre, le jus de citron et le reste d'huile d'olive. Mettez dans de jolies tasses et décorez avec le vert du fenouil. Disposez sur la planche.

Pour les banons rôtis, préchauffez le four à 170 °C. Retirez la ficelle des banons et enfournez sur une plaque pour 10 min. Sortez les banons du four et disposez-les sur la planche après avoir ouvert la feuille de vigne de façon à laisser apparaître le fromage fondu.

Ajoutez les autres ingrédients, la ratatouille crue et la socca coupée en parts. Dégustez.

> Qu'est-ce qu'on boit ?

Avec alcool. Mélangez dans une grande carafe 50 cl de rosé avec beaucoup de glaçons, 4 c. à s. de sirop de sucre de canne, 25 cl d'eau gazeuse, du vert de fenouil et de longues bandes de rhubarbe.
Sans alcool. Dans une grande carafe, versez 1 l d'eau gazeuse, ajoutez le jus de 2 pomelos et 4 brins de basilic vert ou pourpre.

LA TROPICALE

POUR 6 PERSONNES | PRÉPARATION 30 MIN | CUISSON 30 MIN | REPOS 40 MIN

CE QU'IL FAUT PRÉPARER

Colombo de crevettes grillées
Tartines au féroce d'avocat
Salade de mangue au piment rouge
Sauce au yaourt

LE TOUT PRÊT

200 g de boudin créole
Une douzaine d'acras de morue
Assortiment de crudités (p. 37)

INGRÉDIENTS

Une douzaine de crevettes entières crues décortiquées
1 quartier d'ananas frais
1 c. à c. de poudre d'épices colombo
3 c. à s. d'huile végétale
Le jus de 1,5 citron vert
1 baguette à l'ancienne
100 g de morue dessalée prête à l'emploi
20 cl de lait
1 avocat
½ botte de coriandre
1 oignon nouveau
2 mangues
4 c. à s. d'huile végétale
1 petit piment rouge
2 yaourts à la grecque
2 ciboules
½ botte de coriandre
1 c. à s. de moutarde de Dijon
Purée de piment antillaise
Sel, poivre

Pour les crevettes, piquez en alternance 2 crevettes et 2 petites tranches d'ananas sur des cure-dents. Dans un bol, mélangez 4 c. à s. d'huile végétale avec les épices colombo et un tiers du jus de citron vert. Faites tremper les brochettes dans cette marinade pendant 30 min.

Pour les tartines, coupez la baguette en fines tranches et faites-les sécher au four pendant 30 min à 150 °C. Pendant ce temps, mettez la morue dans une casserole, couvrez de lait et d'eau si nécessaire. Portez à ébullition, coupez le feu et laissez reposer 10 min. Égouttez le poisson puis écrasez-le doucement à l'aide d'une fourchette afin de retirer les éventuelles dernières arêtes. Écrasez grossièrement la chair de l'avocat, ajoutez la morue, un tiers du jus de citron vert, 1 pointe de purée de piment, la coriandre effeuillée et l'oignon nouveau haché. Rectifiez l'assaisonnement et répartissez sur les tranches de pain grillées.

Pour la salade de mangue, épluchez les mangues et coupez la chair en dés de 1 cm de côté. Assaisonnez les mangues avec l'huile végétale, du sel, du poivre, le reste de jus de citron vert et le piment rouge dont vous aurez au préalable retiré les graines et que vous aurez haché. Répartissez dans de jolies tasses.

Pour la sauce, mélangez les yaourts avec 1 pointe de purée de piment, un peu de sel, de poivre, les ciboules hachées, la coriandre effeuillée et la moutarde de Dijon.

Dans une poêle chaude, faites griller rapidement les brochettes de crevettes 1 ou 2 min de chaque côté.

Disposez-les sur la planche avec les tartines de féroce d'avocat, la sauce au yaourt, la salade de mangue, les crudités, les acras et le boudin créole.

> Qu'est-ce qu'on boit ?

Mwen swef (« j'ai soif », en créole) !
Avec alcool. Le ti'punch est évidemment de rigueur pour cette planche, mais si vous préférez une version plus légère, pressez 3 citrons verts dans une carafe. Ajoutez 3 fruits de la Passion à la peau fripée (signe qu'ils sont mûrs) ouverts, 6 c. à s. de sirop de sucre de canne et 20 cl de rhum blanc agricole de Martinique. Ajoutez 2 grosses poignées de glaçons, remuez et laissez reposer 20 min.
Sans alcool. Dans une carafe, versez 1 l d'eau de coco avec des glaçons, 2 citrons verts coupés en tranches, 1 quartier d'ananas coupé en fines tranches, 1 gousse de vanille coupée en deux dans le sens de la longueur et une dizaine de brins de coriandre.

L'INSULAIRE

POUR
6 PERSONNES

PRÉPARATION
30 MIN

CUISSON
30 MIN

CE QU'IL FAUT PRÉPARER

Patates douces rôties
Rougail dakini
Sauce citron-piment
Thon à la tahitienne

LE TOUT PRÊT

Une douzaine de samoussas variés
Assortiment de crudités (p. 37)
200 g d'achards de légumes
(au rayon épicerie fine ou produits du monde de votre supermarché)

INGRÉDIENTS

2 patates douces
½ botte de coriandre
½ botte de ciboulette
2 tomates romas
1 gousse d'ail
1 cm de gingembre frais
½ oignon jaune
2 c. à s. de beurre de cacahuète bio
1 citron jaune
2 oignons nouveaux
1 petit piment vert
300 g de filet de thon
¼ de concombre
1 petite carotte
Le jus de 1 citron vert
1 c. à s. de vinaigre blanc
10 cl de crème de coco
Huile végétale
Sel, poivre

Pour les patates douces, préchauffez le four à 180 °C. Coupez les patates en deux dans le sens de la longueur. Mettez-les sur une plaque recouverte de papier cuisson, côté plat vers le haut. Arrosez d'un peu d'huile végétale, du sel et du poivre. Enfournez 30 min. Pendant ce temps, effeuillez la coriandre et émincez la ciboulette.

Pour le rougail, ébouillantez les tomates, retirez le pédoncule puis épluchez et hachez finement la chair. Épluchez et hachez l'ail, le gingembre frais et l'oignon jaune. Dans une casserole, faites revenir 5 min dans 2 c. à s. d'huile végétale l'ail, l'oignon et le gingembre. Quand les oignons sont translucides, ajoutez les tomates hachées et le beurre de cacahuète. Laissez cuire à feu doux pendant 20 min. Versez la sauce dans le bol d'un robot et mixez jusqu'à l'obtention d'une texture lisse. Rectifiez l'assaisonnement et réservez. Laissez refroidir.

Pour la sauce citron-piment, prélevez les suprêmes de citron. Hachez-les et mettez-les dans un bol. Épluchez et hachez 1 oignon nouveau et le piment après en avoir retiré les graines. Mélangez avec le citron, du sel et 2 c. à s. d'huile végétale.

Pour le thon à la tahitienne, coupez le poisson en petits dés. Épluchez et coupez en petits dés le concombre et la carotte. Émincez finement le deuxième oignon nouveau. Mélangez le tout et assaisonnez avec le jus de citron vert, le vinaigre blanc, la crème de coco, du sel et du poivre. Répartissez dans de jolies tasses.

Sur la planche, déposez les patates douces parsemées de ciboulette et de coriandre. Disposez la sauce, le rougail, le tartare de poisson, les samoussas, les achards et les crudités.

> Qu'est-ce qu'on boit ?

À consommer avec modération : le punch, c'est bon, mais c'est traître !
Avec alcool. Dans une grande carafe, mettez le jus de 3 citron verts, les graines et le jus de 3 fruits de la Passion, 2 bâtons de cannelle, 2 pincées de muscade en poudre, 50 cl de jus d'ananas frais, 1 cm de gingembre râpé, 25 cl de nectar de mangue, 10 cl de crème de coco et 25 cl de rhum blanc agricole. Ajoutez beaucoup, beaucoup, beaucoup de glaçons et laissez reposer 15 à 20 min.
Sans alcool. Râpez 3 cm de gingembre frais et 3 cm de curcuma. Mettez-les dans une carafe avec le jus de 2 citrons verts, 40 cl de jus d'ananas frais et 20 cl de jus de pomme bio frais. Laissez reposer 30 min et filtrez. Servez avec beaucoup de glaçons.

LES EXOTIQUES

L'ESPAGNOLE

POUR
6 PERSONNES

PRÉPARATION
35 MIN

CUISSON
30 MIN

CE QU'IL FAUT PRÉPARER

Tortilla
Gaspacho
Pan con tomate

LE TOUT PRÊT

200 g de pâte de coing (p. 33)
150 g de manchego (fromage de brebis espagnol)
12 tranches de jambon serrano
1 chorizo doux ou piquant, finement tranché
150 g d'anchois marinés variés
150 g d'olives marinées

INGRÉDIENTS

4 pommes de terre de type amandines ou rosevals
1 oignon jaune
8 œufs extra-frais
10 tomates romas
1 oignon nouveau
2 gousses d'ail
½ concombre
½ poivron rouge
3 c. à s. de vinaigre de Xérès
1 baguette de qualité
25 cl d'huile d'olive
Sel, poivre

Préparez la tortilla comme indiqué p. 108. Coupez-la en parts.

Pour le gaspacho, retirez le pédoncule de 6 tomates et ébouillantez-les pendant 1 min. Épluchez-les, retirez les graines puis hachez grossièrement la chair et mettez-la dans un saladier. Pelez l'oignon nouveau, 1 gousse d'ail, le concombre et retirez les graines et les membranes blanches du poivron. Ajoutez tous ces légumes coupés en gros morceaux aux tomates, puis les 2 quignons de la baguette, le vinaigre de Xérès, 10 cl d'huile d'olive, du sel et du poivre. Couvrez d'eau puis, à l'aide d'un mixeur plongeant, réduisez en une très fine soupe votre gaspacho. Répartissez-le dans de jolies tasses et réservez au frais.

Pour le *pan con tomate*, coupez le reste du pain en fines tranches et faites-les griller. Épluchez la deuxième gousse d'ail et frottez-en le pain. Hachez les 4 tomates restantes et répartissez la purée sur le pain. Ajoutez un peu de sel, de poivre et quelques gouttes d'huile d'olive.

Disposez les préparations sur votre planche, avec le jambon, le chorizo et la pâte de coing ainsi que les fines tranches de fromage, les anchois et les olives.

> Variantes

Vous pouvez réaliser d'autres gaspachos en remplaçant les tomates par 1 concombre et 1 avocat, ou alors 2 concombres et 2 c. à s. d'amandes effilées. Vous pouvez aussi enrichir cette recette en ajoutant 2 œufs durs ou une dose de safran, etc.

> Qu'est-ce qu'on boit ?

Avec alcool. Demandez conseil à votre caviste pour découvrir les vins espagnols. Vous pouvez aussi préparer une sangria blanche. Pour cela, dans une carafe, mettez 1 bouteille de vin blanc sec avec 25 cl de limonade artisanale. Ajoutez 2 pêches blanches et 2 pêches jaunes coupées en quartiers, ainsi que 1 gousse de vanille coupée en deux dans le sens de la longueur. Mettez 2 poignées de glaçons et servez bien frais. À faire aussi avec un bon crémant.
Sans alcool. Remplacez le vin par du brut de pomme et supprimez la limonade.

LIQUIRIZIA di CALABRIA
GARANTITA PURISSIMA
AMARELLI
ROSSANO
LIQUIRIZIA di CALABRIA
GARANTITA PURA
BARONE AMARELLI
ROSSANO (ITALY)

L'ITALIENNE

POUR
6 PERSONNES

PRÉPARATION
30 MIN

LEVÉE-REPOS
2 H

CUISSON
20 MIN

CE QU'IL FAUT PRÉPARER

Conchiglioni farcis à la ricotta
Brochettes mozzarella, tomates et basilic
Pizzas au jambon cru

LE TOUT PRÊT

1 salami italien
6 tranches de coppa
200 g de fromage taleggio
150 g de gelée de coing (p. 33)
200 g de gressins

INGRÉDIENTS

250 g de billes de mozzarella de bufflone
400 g de tomates cerises de toutes les couleurs
8 brins de basilic
200 g de conchiglioni géants (pâtes italiennes en forme de coquillage)
250 g de ricotta
8 c. à s. d'huile d'olive
1 portion de pâte à pizza (p. 27)
30 cl de passata (purée de tomate lisse)
2 boules de mozzarella de bufflone
100 g de roquette
8 tranches de jambon de Parme
Sel, poivre

Faites cuire les conchiglioni selon les indications du paquet. Égouttez et passez-les sous l'eau froide.

Pour les brochettes, égouttez les billes de mozzarella. Rincez les tomates cerises et effeuillez la moitié du basilic. Sur des cure-dents, piquez 1 tomate cerise, 1 feuille de basilic et 1 bille de mozzarella. Salez, poivrez et disposez sur la planche.

Pour les conchiglioni farcis, effeuillez et hachez le reste de basilic. Mélangez-le avec la moitié de l'huile, la ricotta, du sel et du poivre. Garnissez les conchiglioni de cette farce et disposez-les sur la planche avec le salami, la coppa, le fromage et la gelée de coing, les gressins et les tomates cerises que vous n'avez pas mises sur les brochettes.

Pour les pizzas, préchauffez votre four à 250 °C. Étalez la pâte en deux disques. Répartissez dessus la purée de tomate avec le dos d'une cuillère. Égouttez la mozzarella et coupez-la en petits dés. Mettez-les sur les pizzas et enfournez pour 8 à 10 min. Dès la sortie du four, ajoutez la roquette, les tranches de jambon de Parme, du sel, du poivre et l'huile d'olive. Coupez en parts et disposez sur la planche juste avant de servir.

> Variantes

Des antipasti (artichauts, tomates séchées, poulpe...), des pestos variés (basilic, courgette, tomate séchée), de la focaccia (p. 27), des cubes de polenta grillée avec des olives, des bruschettas, des dips de ricotta ou de stracciatella aux herbes fraîches, etc.

> Qu'est-ce qu'on boit ?

De l'amertume !
Avec alcool. Dans un grand verre à vin, préparez un Spritz au Campari® : 5 cl de Campari®, 3 cl d'eau gazeuse et 10 cl d'un prosecco bio. Ajoutez quelques glaçons et une rondelle d'orange.
Sans alcool. Versez dans un grand verre à vin le jus de ½ pomelo avec 1 bouteille d'indian tonic. Ajoutez 1 pincée de sel, 3 feuilles de basilic et des glaçons.

LA JAPONAISE

POUR
6 PERSONNES

PRÉPARATION
30 MIN

REPOS
1 H

CUISSON
20 MIN

CE QU'IL FAUT PRÉPARER

Brochettes de poulet teriyaki
Bœuf tataki à la pistache
Sashimis de saumon

LE TOUT PRÊT

200 g d'un mélange de crackers japonais
200 g de petits pois au wasabi (au rayon produits du monde)
200 g d'edamame cuit (graines de soja)
Une douzaine de gyozas (au rayon surgelés)
Sauce soja salée

INGRÉDIENTS

200 g de filet de poulet
2 gousses d'ail
2 cm de gingembre frais
2 c. à s. de cassonade
2 c. à s. de vinaigre de riz
2 c. à s. d'huile végétale
200 g de filet de bœuf en un pavé
1 c. à s. de sésame blanc
1 c. à s. de sésame noir
2 c. à s. de pistaches décortiquées
200 g de saumon frais, sans peau ni arête
Sauce soja salée

Pour les brochettes, coupez le poulet en aiguillettes de 5 ou 6 cm de long. Épluchez et hachez finement l'ail et le gingembre. Dans un saladier, délayez le sucre avec 10 cl de sauce soja et le vinaigre de riz (si le sucre a du mal à fondre, faites chauffer la sauce à feu doux pendant quelques minutes). Ajoutez l'ail, le gingembre et le poulet. Laissez reposer 1 h au frais. Piquez le poulet sur de petites brochettes et faites-le griller 2 ou 3 min de chaque côté dans une poêle chaude avec de l'huile végétale.

Pour le tataki, dans une poêle très chaude sans matière grasse, faites dorer le bœuf 2 ou 3 min sur chaque face, puis plongez-le immédiatement dans de l'eau glacée. Pendant ce temps, concassez les pistaches et mélangez-les aux graines de sésame.
Égouttez et épongez la viande. Coupez-la en cubes de 2 cm de côté et mettez dans un saladier. Arrosez de 2 c. à s. de sauce soja puis roulez la viande dans le mélange sésame-pistache.

Pour les sashimis, coupez le saumon en tranches de 3 ou 4 mm d'épaisseur.

Disposez les préparations sur votre planche avec un peu de sauce soja. Ajoutez l'edamame, les crackers, les gyozas cuits selon les indications du paquet et les petits pois au wasabi.

> Variantes

Pour changer de la sauce soja avec les sashimis et le tataki : mélangez 10 cl de sauce soja salée avec 10 cl de mirin (vinaigre de riz ou saké pour la cuisine). Ajoutez ¼ de botte de ciboulette fraîche émincée, 1 c. à s. de graines de sésame, 4 gouttes d'huile de sésame, 2 pincées de piment en poudre et 4 radis râpés.
Et d'autres préparations ? Des makis, des sushis, des onigiris, des champignons enokis, du riz blanc vinaigré...

> Qu'est-ce qu'on boit ?

Avec alcool. C'est l'occasion de s'intéresser au saké ! Si vous avez une bonne épicerie japonaise près de chez vous, demandez conseil pour découvrir et déguster du saké.
Sans alcool. Optez pour du thé vert glacé. Pour cela, faites infuser 1 sachet de thé vert dans 25 cl d'eau bouillante pendant 1 min. Ajoutez ½ c. à c. de cassonade, 1 rondelle de citron et 1 bâtonnet de gingembre frais de la taille d'une allumette. Laissez refroidir avant d'ajouter des glaçons et de servir.

LA VIETNAMIENNE

POUR 6 PERSONNES | PRÉPARATION 30 MIN | REPOS 30 MIN | CUISSON 20 MIN

CE QU'IL FAUT PRÉPARER

Rouleaux de printemps aux crevettes
Brochettes de poulet au poivre du Sichuan
Sauce à la poudre de saté

LE TOUT PRÊT

Une douzaine de nems variés
Une douzaine de raviolis vapeur
Assortiment de crudités (p. 37)

INGRÉDIENTS

6 grandes feuilles de riz
1 sachet de vermicelles de riz
100 g de crevettes roses cuites et décortiquées
2 carottes râpées
100 g de tomates cerises coupées en deux
1 avocat en lamelles
¾ de botte de coriandre
6 c. à c. de cacahuètes grillées et salées
200 g de filet de poulet
1 cm de gingembre
1 gousse d'ail
4 c. à s. de sauce soja salée
1 c. à s. de miel
1 c. à c. de poivre du Sichuan
4 c. à s. d'huile végétale
2 yaourts à la grecque
1 oignon nouveau
2 c. à s. de poudre de saté (dans les épiceries asiatiques)
Le jus de 1 citron vert
Sel, poivre

Pour les rouleaux de printemps, portez 1 l d'eau salée à ébullition et versez dans un saladier avec les vermicelles de riz. Laissez reposer 5 à 7 min puis égouttez les vermicelles. Effeuillez la coriandre et réservez-en un peu pour la sauce. Coupez les crevettes en deux dans le sens de la longueur. Placez 1 feuille de riz humidifiée sur un torchon propre et mettez au centre sans aller jusqu'au bord, une ligne de crevettes, les vermicelles de riz, les cacahuètes et la garniture de légumes. Repliez sur la garniture les bords supérieur et inférieur avant de ramener les côtés en roulant le rouleau sur lui-même. Faites de même avec les autres feuilles de riz et coupez en deux les rouleaux.

Pour le poulet, coupez-le en aiguillettes de 4 ou 5 cm de long et piquez-le sur de petites brochettes. Épluchez et hachez le gingembre et l'ail. Mettez-les dans un saladier avec la sauce soja, le miel et le poivre du Sichuan. Plongez les brochettes de poulet dans le mélange, et laissez reposer 30 min. Égouttez rapidement le poulet et faites-le revenir dans une poêle chaude avec l'huile végétale pendant 2 ou 3 min de chaque côté. Réservez au chaud.

Pour la sauce au saté, hachez l'oignon nouveau. Dans un petit saladier, mélangez les yaourts avec la poudre de saté, le reste de coriandre, l'oignon, le jus de citron, du sel et du poivre.

Faites chauffer raviolis et nems selon les indications du paquet et disposez le tout sur la planche. Servez.

> Variantes

Que faire d'autre avec de la poudre de saté ? Vous pouvez l'utiliser pour faire mariner de la viande ou du poisson, en saupoudrer sur des légumes bouillis et rôtis ou sur des crudités.
Ma recette préférée ? Un tartare de bœuf assaisonné avec de la poudre de saté. Dans les assiettes, mettez au centre de chaque tartare un jaune d'œuf, 2 c. à s. d'huile d'olive et le jus de ½ citron vert.

> Qu'est-ce qu'on boit ?

Avec alcool. Faites infuser 1 sachet de verveine ou de citronnelle dans 25 cl d'eau chaude pendant 3 min. Retirez le sachet et laissez refroidir. Dans un grand verre, mettez ½ piment sans graines, 2 brins de coriandre, ½ citron coupé en rondelles et 1 c. à s. de sirop de sucre de canne. Ajoutez 5 cl de gin, mélangez, ajoutez 10 cl d'infusion, des glaçons et servez aussitôt.
Sans alcool. Remplacez le gin par 3 ou 4 gouttes de sauce nuoc-mâm.

LA GRECQUE

POUR 6 PERSONNES | PRÉPARATION 30 MIN | CUISSON 2 H | REPOS 1 H

CE QU'IL FAUT PRÉPARER

Tzatziki*
Caviar d'aubergine*
Samoussas à la feta

LE TOUT PRÊT

6 pains pitas
Salade de poulpe et calamars marinés
200 g de tarama
300 g de houmous* (p. 83)
300 g de tomates cerises de toutes les couleurs

INGRÉDIENTS

2 belles aubergines
1,5 gousse d'ail
1 c. à s. de tahiné
10 c. à s. d'huile d'olive
Le jus de 2 citrons
2 concombres bio
2 yaourts à la grecque
10 cl de crème fraîche épaisse
3 feuilles de brick
10 feuilles de menthe
250 g de feta
Huile végétale de friture
Sel, poivre du moulin

Pour le caviar d'aubergine*, préchauffez le four à 160 °C. Piquez les aubergines à l'aide d'une fourchette et disposez-les dans un plat. Enfournez pour 1 h. Sortez les aubergines du four et coupez-les en deux. Mettez-les dans un tamis et laissez-les refroidir. Retirez la chair des aubergines et hachez-la avec 1 gousse d'ail. Assaisonnez avec le tahiné, 4 c. à s. d'huile d'olive, le jus de ½ citron, du sel et du poivre.

Pour le tzatziki*, rincez les concombres et râpez-les finement, avec la peau. Mettez-les dans un tamis et pressez fortement afin d'extraire le maximum de jus. Dans un grand bol, mélangez le concombre avec le yaourt, la crème, du sel, du poivre, le reste de jus de citron et 4 c. à s. d'huile d'olive. Réservez au frais.

Pour les samoussas, hachez finement la menthe et mélangez-la avec la feta écrasée, le reste d'huile d'olive et du poivre. Coupez les feuilles de brick en bandes de 4 cm de large. Confectionnez les samoussas comme indiqué p. 87.

Disposez sur votre planche vos préparations, les pains pitas tiédis et le reste des ingrédients.

> Conseil

Faites vos pains pitas vous-même, avec la recette indiquée p. 26. Façonnez des disques de pâte d'environ 15 cm de diamètre. Laissez-les lever 1 h environ afin qu'ils doublent de volume. Faites cuire dans une poêle à couvert, sans matière grasse et à feu moyen pendant 3 à 5 min de chaque côté.

> Variantes

Des brochettes de salade grecque avec 1 tomate cerise, 1 olive noire, 1 morceau de poivron, 1 cube de feta et un peu d'huile, des cubes de saganaki (fromage frit), des petites brochettes d'agneau mariné au citron et à l'huile d'olive, des feuilles de vigne farcies...

> Qu'est-ce qu'on boit ?

Du fenouil !
Avec alcool. Dans un grand verre, mettez 1 dose de pastis très floral (type HB® ou Ricard® Plantes fraîches). Ajoutez 1 boule de sorbet citron vert, complétez avec de l'eau et décorez d'un brin de vert de fenouil.
Sans alcool. Pressez le jus de 1 citron vert dans un verre et ajoutez ½ c. à c. de sirop de sucre de canne et 2 pincées de fleur de sel. Mélangez afin de bien dissoudre le sel et couvrez d'eau. Ajoutez un beau brin de vert de fenouil, des glaçons et servez bien frais.

LA LIBANAISE

POUR 6 PERSONNES | PRÉPARATION 30 MIN | CUISSON 1 H 10 | REPOS 1 H

CE QU'IL FAUT PRÉPARER

Baba ganoush*
Feuilletés aux épinards
Sauce yaourt et tahiné

LE TOUT PRÊT

Une douzaine de falafels
6 kebbés (beignets de bœuf et blé)
300 g de houmous* (p. 83)
6 galettes de blé libanaises
Une douzaine de concombres libanais (mini-concombres) rincés et coupés en quatre dans la longueur
300 g de tomates cerises de toutes les couleurs

INGRÉDIENTS

2 aubergines
1 gousse d'ail
2 c. à s. de tahiné
8 c. à s. d'huile d'olive
Le jus de 1 citron
2 c. à c. de sésame doré
3 feuilles de brick
250 g de pousses d'épinard
10 feuilles de menthe
1 botte de coriandre
100 g de feta
4 c. à s. d'huile d'olive
Huile de friture
1 yaourt à la grecque
1 gousse d'ail
½ c. à c. de cumin en poudre
Sel, poivre

Pour le baba ganoush, préchauffez le four à 160 °C. Piquez les aubergines à l'aide d'une fourchette et disposez-les dans un plat. Enfournez pour 1 h. Sortez les aubergines du four et coupez-les en deux. Mettez-les dans un tamis et laissez- es refroidir. Retirez la chair des aubergines et hachez-la avec 1 gousse d'ail. Assaisonnez avec le tahiné, 4 c. à s. d'huile d'olive, la moitié du jus de citron, du sel et du poivre. Mettez dans un bol et décorez avec 1 c. à c. de graines de sésame.

Pour les feuilletés, faites chauffer 4 c. à s. d'huile d'olive dans une grande poêle. Jetez-y les pousses d'épinard et laissez cuire 10 min à feu moyen et à couvert, en remuant souvent. Coupez le feu, égouttez les épinards s'il y a de l'eau dans la poêle. Effeuillez la menthe, la moitié de la coriandre et émiettez la feta. Mélangez ces derniers ingrédients avec les épinards et rectifiez l'assaisonnement. Façonnez les feuilletés comme des samoussas, comme indiqué p. 87. Dans une poêle avec un peu d'huile végétale, faites-les dorer et réservez au chaud jusqu'au moment de servir.

Pour la sauce, effeuillez le reste de coriandre, épluchez et hachez la gousse d'ail. Mélangez le yaourt avec le reste de jus de citron, le cumin, 1 c. à s. de tahiné la coriandre, l'ail, du sel et du poivre. Décorez avec le reste de graines de sésame.

Faites chauffer les galettes, les kebbés et les falafels. Dressez le tout sur votre planche avec vos préparations et le reste des ingrédients.

> Variantes

Des demi-tomates cerises au sel et au cumin, des mini-carottes revenues avec du fenouil dans de l'huile d'olive, des verrines de taboulé assaisonnées à la mélasse de grenade, de petites brochettes de kebab...

> Qu'est-ce qu'on boit ?

De la grenade !
Sans alcool. Coupez 2 grenades en deux et retirez les graines. Émincez en fines tranches 1 orange navel, 1 orange sanguine, 1 citron jaune et 1 mandarine. Dans une carafe, mettez tous les fruits et ajoutez une dizaine de brins de menthe entiers. Versez 6 c. à s. de sirop de sucre de canne et terminez avec les glaçons et de l'eau gazeuse. À servir très frais.
Avec alcool. Mettez dans un grand verre une dose d'arak ou d'ouzo (liqueurs anisées libanaise et grecque) et complétez avec la limonade aux fruits.

LA THAÏLANDAISE

POUR 6 PERSONNES | PRÉPARATION 30 MIN | REPOS 30 MIN | CUISSON 20 MIN

CE QU'IL FAUT PRÉPARER

Sauce curry
Poulet satay
Bœuf *crying tiger*

LE TOUT PRÊT

200 g de mini-épis de maïs (dans les épiceries asiatiques)
200 g de mini-asperges vertes (dans les épiceries asiatiques)
200 g de mini-carottes
250 g de tomates cerises de toutes les couleurs
150 g de champignons de Paris

INGRÉDIENTS

2 yaourts à la grecque
50 g de pâte de curry vert
½ botte de ciboulette
300 g d'aiguillettes de poulet
100 g de pâte de satay (pâte de cacahuète épicée)
20 cl de lait de coco
1 botte de coriandre
300 g de filet de bœuf en un gros pavé
1 gousse d'ail
Le jus de 3 citrons verts
1 petit piment séché
1 c. à s. de cassonade
3 c. à s. de sauce soja salée
1 c. à s. de nuoc-mâm
½ botte de menthe
1 échalote
Sel, poivre

Pour la sauce, délayez la pâte de curry vert avec un peu d'eau et mélangez avec les yaourts. Émincez finement la ciboulette et ajoutez-la à la sauce.

Pour le poulet satay, délayez la pâte de satay dans le lait de coco. Piquez les aiguillettes de poulet sur de petites brochettes et faites-les tremper dans la marinade pendant 30 min. Préchauffez le four à 180 °C. Déposez les brochettes et la marinade dans un plat à gratin, salez, poivrez et enfournez pour 15 min. Au moment de servir, saupoudrez des feuilles de 4 brins de coriandre.

Pendant ce temps, préparez le bœuf : dans une poêle très chaude et sans matière grasse, faites revenir pendant 1 ou 2 min le bœuf sur chaque côté. Coupez le feu et laissez la viande refroidir sur une planche à découper. Épluchez l'ail. Dans un petit robot, mettez le jus de citron, l'ail, le piment, la cassonade, la sauce soja et le nuoc-mâm. Mixez pendant 1 min et réservez. La sauce doit être puissante, acide et en même temps sucrée. Effeuillez et hachez grossièrement la menthe et le reste de la coriandre. Épluchez et hachez finement l'échalote puis mélangez-la aux herbes. Coupez la viande en fines tranches, déposez-y un peu du mélange herbes-échalote et roulez-les en cigares.

Pour les légumes, retirez les fanes des carottes et brossez-les sous l'eau froide à l'aide d'une éponge propre. Retirez le pied sec des asperges. Dans de l'eau bouillante salée, faites cuire 5 min asperges, carottes et maïs. Égouttez et laissez refroidir. Rincez les tomates cerises, retirez le pied terreux des champignons et coupez-les en quartiers.

Disposez le bœuf sur la planche avec sa sauce, les brochettes de poulet, les crudités et la sauce au curry.

> Conseil

Vous trouverez dans les épiceries asiatiques des pâtes de curry de plusieurs types : verte, qui accompagne très bien les légumes. Rouge, plus puissante car avec du piment rouge et du paprika, donc plus adaptée à la viande ou aux poissons forts. Enfin, la massaman, une pâte de curry rouge épicée avec de la cannelle, de la badiane, etc., adaptée à des cuissons longues avec des ingrédients forts comme du bœuf ou du porc.

> Qu'est-ce qu'on boit ?

De la mangue.
Avec alcool. Mixez la chair d'une mangue afin d'obtenir une purée fine. Si besoin, ajoutez un peu d'eau. Pour les amateurs de rhum, mettez dans un grand verre 5 cl de rhum blanc agricole, 4 feuilles de menthe, le jus de 1 citron vert et 4 c. à s. de purée de mangue. Ajoutez des glaçons, mélangez bien et servez.
Sans alcool. Remplacez le rhum par de l'eau gazeuse et ajoutez 2 c. à s. de sirop de sucre de canne.

LA SCANDINAVE

POUR
6 PERSONNES

PRÉPARATION
30 MIN

CUISSON
20 MIN

CE QU'IL FAUT PRÉPARER

Rillettes de saumon*
Blinis maison au seigle
Sauce aneth et raifort
Œufs mollets aux œufs de truite

LE TOUT PRÊT

6 tranches de saumon gravlax
2 filets de maquereaux fumés
300 g de crevettes cuites décortiquées
Pickles maison (p. 31)
2 citrons jaunes

INGRÉDIENTS

1 pavé de saumon de 150 g
150 g de saumon fumé
½ botte de ciboulette
150 g de fromage frais
Le zeste de 1 citron jaune
3 yaourts crémeux type Fjord®
½ botte d'aneth
1 c. à s. de raifort râpé
75 g de farine
25 g de farine de seigle
1 c. à c. de levure chimique
4 c. à s. d'huile végétale
7 œufs extra-frais
150 g d'œufs de truite
Sel, poivre

Pour les rillettes*, portez de l'eau à ébullition et plongez-y le saumon pendant 6 à 8 min. Égouttez-le. Hachez grossièrement les saumons cuit et fumé. Émincez finement la ciboulette et ajoutez-la au saumon, avec le fromage frais, du poivre et le zeste finement râpé. Rectifiez l'assaisonnement et réservez au frais.

Pour la sauce, effeuillez l'aneth et mélangez-le avec 2 yaourts, le raifort, du sel et du poivre. Réservez au frais.

Pour les blinis, tamisez ensemble les farines et la levure dans un saladier. Ajoutez du sel, du poivre, l'huile, le yaourt restant et 1 œuf. Mélangez jusqu'à l'obtention d'une pâte homogène. Dans une poêle antiadhésive, versez quelques petites louches de pâte et laissez cuire 1 ou 2 min, jusqu'à l'apparition de petites bulles et trous. Retournez les blinis et laissez à nouveau cuire 1 ou 2 min. Répétez l'opération jusqu'à épuisement de la pâte et réservez au chaud.

Pour les œufs, juste avant de servir, portez de l'eau salée à ébullition dans une grande casserole. Faites-y glisser délicatement les œufs. À la reprise de l'ébullition, laissez cuire 4 min. Retirez les œufs et passez-les rapidement sous l'eau froide. Écalez-les délicatement, coupez-les en deux puis déposez 1 c. à c. d'œufs de truite sur le jaune coulant.

Disposez sur votre planches vos préparations et les ingrédients. Accompagnez avec des quartiers de citron.

> Qu'est-ce qu'on boit ?

Avec alcool. Dans un grand verre, mettez 5 cl de vodka ou d'aquavit, 2 cl de sirop ou de liqueur de sapin, 1 c. à s. de jus de citron jaune et complétez avec de l'eau gazeuse. Ajoutez quelques glaçons et servez.
Sans alcool. Pour la version détox, faites infuser 1 sachet de tisane au bouleau dans 25 cl d'eau chaude. Dans une carafe, mettez 1 c. à s. de myrtilles, 10 cl de jus de canneberge, 1 citron vert émincé, 1 poignée de glaçons et l'infusion de bouleau. Laissez refroidir avant de servir.

L'ANGLAISE

POUR
6 PERSONNES

PRÉPARATION
30 MIN

CUISSON
20 MIN

CE QU'IL FAUT PRÉPARER

Dip fromage-ciboulette
Mousseline au raifort
Pancakes (p. 50)
Battered fish

LE TOUT PRÊT

2 concombres
1 tête de brocoli
600 g de viande cuite coupée en fines tranches (blanc de poulet, rôti de bœuf, rôti de porc)
200 g de cheddar
150 g de gelée de pomme (p. 33)
6 tranches de saumon fumé d'Écosse

INGRÉDIENTS

250 g de cottage cheese
4 c. à s. de crème fraîche liquide
½ botte de ciboulette
2 œufs extra-frais
1 c. à c. de moutarde douce
15 cl d'huile végétale
1 c. à s. de raifort râpé
Le jus de ½ citron
1 dose de pâte à pancakes (p. 50)
200 g de dos de cabillaud
100 g de farine
100 g de chapelure
Huile de friture
Sel, poivre

Pour le dip, mélangez le cottage cheese avec du sel, du poivre, la crème liquide. Saupoudrez de ciboulette hachée et réservez au frais.

Pour la mousseline, séparez le blanc de 1 jaune d'œuf. Mélangez le jaune avec la moutarde. Versez très doucement, sans cesser de fouetter, l'huile végétale. Montez le blanc en neige, puis incorporez-le délicatement à la mayonnaise. Ajoutez le raifort et le jus de citron. Rectifiez l'assaisonnement et réservez au frais.

Réalisez les pancakes et réservez au chaud.

Pour le *battered fish*, coupez le poisson en aiguillettes de 3 ou 4 cm de long par 1 cm de côté. Mettez dans une première assiette la farine avec du sel et du poivre, dans une deuxième l'œuf restant battu et dans la dernière, la chapelure. Trempez les morceaux de poisson dans les trois assiettes successivement, dans l'ordre. Dans une poêle avec un fond d'huile de friture, faites cuire le poisson à feu moyen 2 ou 3 min de chaque côté. Quand votre friture est bien dorée, égouttez le poisson sur du papier absorbant. Réservez au chaud.

Pour les légumes, épluchez les concombres et coupez-les en quatre dans le sens de la longueur. Retirez les graines et détaillez-les en bâtonnets de 4 ou 5 cm de long. Retirez le pied du brocoli et coupez les fleurettes. Portez une casserole d'eau salée à ébullition et plongez-y les sommités de brocoli. Laissez cuire 5 min. Égouttez et plongez le brocoli dans l'eau glacée. Laissez refroidir avant d'égoutter.

Dressez la planche avec vos préparations, le saumon, le fromage, la gelée, les légumes et la viande cuite.

> Qu'est-ce qu'on boit ?

Avec alcool. Un Spritz à l'anglaise : dans un verre, mettez 4 cl de scotch, 10 cl de ginger ale, 1 rondelle de concombre, 1 bâtonnet de gingembre et des glaçons.
Sans alcool. Remplacez le whisky par 1 c. à c. de sirop d'érable.

L'OUEST-AFRICAINE

POUR
6 PERSONNES

PRÉPARATION
1 H

CUISSON
20 MIN

CE QU'IL FAUT PRÉPARER

Sauce au yaourt et sauce cacahuète
Tartare de poisson
Pastels

LE TOUT PRÊT

Assortiment de crudités (p. 37)
250 g de chips de banane plantain ou de chips de légumes

INGRÉDIENTS

2 yaourts à la grecque
2 bottes de coriandre
Le jus de 1 citron vert
100 g de beurre de cacahuète
½ cube de bouillon de volaille bio
1 c. à c. d'épices marocaines type ras el-hanout
200 g de dos de cabillaud ou de lieu jaune
1,5 gousse d'ail
2 oignons nouveaux
3 tomates romas
1 petite carotte
10 brins de persil
1 petit piment rouge pas trop fort
1 c. à s. de vinaigre blanc
Le jus de ½ citron jaune
8 c. à s. d'huile végétale
1 dose de pâte à beignet (p. 29)
300 g de poulet haché
1 oignon jaune
2 cm de gingembre frais
½ poivron rouge
2 pincées de piment de Cayenne
Huile de friture
Sel, poivre

Pour les sauces :
Au yaourt : effeuillez la coriandre, réservez-en la moitié, et mélangez l'autre moitié avec les yaourts, le jus de citron, du sel et du poivre.
À la cacahuète : délayez le bouillon de volaille dans 10 cl d'eau bouillante avec les épices marocaines et laissez refroidir. Dans un petit saladier, mettez le beurre de cacahuète et versez le bouillon sans cesser de mélanger jusqu'à ce que vous obteniez une sauce crémeuse mais épaisse. Réservez au frais.

Pour le tartare, coupez le poisson en petits dés. Épluchez et détaillez en petits dés ½ gousse d'ail, 1 oignon nouveau, la carotte et 1 tomate. Effeuillez et hachez grossièrement le persil. Retirez le pédoncule du piment, retirez-en les graines et hachez-le. Dans un bol, mélangez le vinaigre blanc avec 1 c. à c. de jus de citron, la moitié de l'huile végétale, les légumes et le persil hachés. Salez, poivrez et mélangez avec le poisson. Dressez dans de jolies tasses.

Pour les pastels, épluchez et hachez l'oignon jaune, l'ail restant et le gingembre. Coupez en petits dés le poivron. Ébouillantez, épluchez puis hachez les tomates restantes. Dans une grande poêle, faites revenir dans 4 c. à s. d'huile le poulet avec l'ail, le gingembre, le poivron et l'oignon durant 15 min. Coupez le feu et assaisonnez avec le sel, le poivre, le piment, la coriandre restante et les dés de tomates. Mélangez bien.
Étalez la pâte à beignet sur une épaisseur de 1 ou 2 mm. Découpez de grands cercles de 10 cm de diamètre. Placez au centre une grosse cuillère de farce et refermez votre beignet. Scellez le bord de la pâte en la pinçant fortement. Dans une casserole, avec 5 cl d'huile, ou dans une friteuse bien chaude, faites cuire les pastels en petites quantités jusqu'à ce qu'ils soient bien dorés. Égouttez-les sur du papier absorbant et réservez au chaud.

Préparez les crudités comme indiqué p. 37. Dressez tous vos ingrédients et préparations sur votre planche et servez.

> Info

Le yaourt n'est pas très « africain », mais sachez que lorsqu'on est brûlé par le feu du piment, rien ne sert de boire de l'eau, il faut boire des produits laitiers. Ceci explique cela.

> Qu'est-ce qu'on boit ?

En Afrique de l'Ouest, on boit beaucoup de jus de gingembre ou de jus de bissap (fleurs d'hibiscus). Voici 2 recettes qui vont mettre tout le monde d'accord.
Sans alcool. Faites infuser 25 g de feuilles de bissap avec 3 cm de gingembre râpé dans 1 l d'eau chaude pendant 1 h. Ajoutez le jus de 1 citron vert, 5 c. à s. de sirop de sucre de canne et filtrez. Ajoutez beaucoup de glaçons avant de servir, des rondelles de citron vert et des bâtonnets de gingembre cru pour décorer.
Avec alcool. Ajoutez simplement 4 cl de rhum aux épices.

LA MAGHRÉBINE

POUR 6 PERSONNES | PRÉPARATION 30 MIN | CUISSON 2 H 30 | REPOS 2 H

CE QU'IL FAUT PRÉPARER

Yaourt aux épices
Fèves au cumin
Kefta de bœuf

LE TOUT PRÊT

300 g de houmous* (p. 83)
2 galettes de semoule épaisse ou 4 msemmen (crêpes marocaines)
Assortiment de crudités (p. 37)
200 g d'olives variées
250 g de caviar d'aubergine* (p. 126)

INGRÉDIENTS

3 yaourts à la grecque
4 pincées de cumin en poudre
2 pincées de coriandre en poudre
2 pincées de piment en poudre
10 c. à s. d'huile d'olive
300 g de fèves décortiquées
2 pincées de cumin en poudre
½ c. à c. de graines de cumin
300 g de viande de bœuf hachée à 10 % de MG minimum
1 oignon nouveau
1 gousse d'ail
½ botte de coriandre
2 c. à c. de ras el-hanout
Sel, poivre

Préparez le yaourt. Dans un tamis, mettez du papier absorbant ou une gaze. Mettez-y les yaourts et laissez-les s'égoutter pendant 2 h. Récupérez les yaourts et assaisonnez-les avec du sel, du poivre, 2 pincées de cumin en poudre, la coriandre en poudre et le piment. Mélangez et décorez avec 2 c. à s. d'huile d'olive. Réservez au frais.

Pour les fèves, jetez-les dans une grande casserole d'eau bouillante salée et faites cuire 6 à 8 min. Elles doivent être moelleuses. Égouttez-les, plongez-les dans l'eau froide puis égouttez-les de nouveau dans une essoreuse à salade. Assaisonnez-les avec 3 c. à s. d'huile d'olive, les graines de cumin et 2 pincées de cumin en poudre, du sel et du poivre. Disposez les fèves dans un joli plat avec des cure-dents.

Pour le kefta de bœuf, épluchez et hachez l'oignon nouveau et 1 gousse d'ail. Effeuillez la coriandre. Dans un saladier, mélangez ces ingrédients avec le bœuf, du sel, du poivre et 2 c. à s. de ras el-hanout. Autour de petites piques à brochettes, façonnez comme de petites saucisses de viande de bœuf de 4 ou 5 cm de long sur une épaisseur d'environ 1 cm. Dans une grande poêle, faites chauffer 5 c. à s. d'huile d'olive et faites-y revenir sur tous les côtés vos brochettes pendant 1 ou 2 min à chaque fois.

Quand les saucisses de bœuf sont bien grillées, disposez-les sur vos planches accompagnées de toutes vos préparations, des crudités, des olives, du caviar d'aubergine et des galettes.

> Qu'est-ce qu'on boit ?

Sans alcool. Un vrai thé vert à la menthe évidemment, en version chaude ou glacé.
Avec alcool. Mettez dans un verre 4 rondelles d'orange, 2 rondelles de citron vert avec 1 c. à c. de cassonade. Écrasez le tout à l'aide d'un pilon et ajoutez 4 cl d'un whisky léger, de la glace pilée et 1 brin de menthe. Mélangez et servez.

L'INDIENNE

POUR
6 PERSONNES

PRÉPARATION
30 MIN

CUISSON
20 MIN

CE QU'IL FAUT PRÉPARER

Pakoras de légumes
Raïta de tomate et concombre
Sauce aux herbes et au piment vert
Salade de mangue au piment

LE TOUT PRÊT

100 g de papadums (dans les épiceries indiennes)
250 g de chutney de mangue
6 cheese naans

INGRÉDIENTS

100 g de farine de pois chiche
1 c. à s. de farine
1 c. à c. de curry jaune en poudre
1 pomme de terre
1 carotte
½ patate douce
1 botte de coriandre
2 petits piments verts
Huile de friture
3 tomates romas
1 concombre bio
Le jus de 1,5 citron vert
1 c. à c. d'épices garam masala
4 yaourts à la grecque
1 botte de coriandre
½ botte de menthe
½ botte de persil plat
2 mangues pas trop mûres
1 petit piment rouge
4 c. à s. d'huile végétale
Sel, poivre

Pour les pakoras, mélangez dans un saladier les farines avec la poudre de curry jaune, du sel et du poivre. Versez de l'eau tiède sans cesser de mélanger jusqu'à ce que vous obteniez une texture de pâte à crêpe. Épluchez et râpez finement la pomme de terre, la carotte et la patate douce. Effeuillez la coriandre. Retirez le pédoncule et les graines de 1 piment vert et hachez-le. Mélangez tous ces légumes avec la pâte. Dans une poêle avec 3 ou 4 cl d'huile de friture chaude, mettez 1 c. à s. de pâte à beignet et laissez cuire 4 ou 5 min jusqu'à ce que vos pakoras soient bien grillés. Égouttez-les sur du papier absorbant. Réservez au chaud.

Pour la raïta, ébouillantez les tomates 1 min puis épluchez-les et détaillez la chair en petits dés. Rincez le concombre et râpez-le avec la peau. Mettez la chair dans un tamis et pressez-la afin de retirer l'excédent de jus. Dans un saladier, mélangez la chair de tomate et de concombre avec les deux tiers du jus de citron, les épices et 2 yaourts. Salez, poivrez et gardez au frais.

Pour la sauce verte, effeuillez les herbes et disposez-les dans le bol d'un robot avec 2 yaourts, 1 piment vert dont vous aurez retiré les graines et le pédoncule, le jus de citron vert restant, du sel et du poivre. Mixez pendant 1 min afin d'obtenir une belle sauce verte homogène. Gardez au frais.

Pour la salade de mangue, procédez comme indiqué p. 112.

Dressez tous vos ingrédients et vos préparations sur une planche et dégustez.

> Conseil

Faites vous-même vos cheese naans. Procédez comme pour des pains pitas (p. 26) et fourrez chaque galette d'une portion de fromage type Vache qui rit®. Ne faites pas lever la pâte avant de la cuire à la poêle.

> Qu'est-ce qu'on boit ?

Avec alcool. La bière est évidemment un très bon accompagnement pour la cuisine épicée.
Sans alcool. Un lassi nature : dans un saladier, fouettez 2 yaourts veloutés avec 1 c. à s. de sirop de sucre de canne et 10 cl de lait frais entier bien froid. Servez dans un grand verre avec beaucoup de glaçons. Vous pouvez aussi aromatiser votre lassi avec de l'eau de rose, de l'eau de fleur d'oranger ou de la purée de mangue.

L'HAWAÏENNE

POUR
6 PERSONNES

PRÉPARATION
30 MIN

CUISSON
30 MIN

REPOS
4 H

CE QU'IL FAUT PRÉPARER

Poulet huli-huli
Tartare de thon
Purée d'avocat

LE TOUT PRÊT

Une douzaine de petites galettes de riz
Assortiment de crudités (p. 37)

INGRÉDIENTS

1 kg d'ailes de poulet nature (demandez à votre boucher)
2 gousses d'ail
2 cm de gingembre frais
100 g de ketchup
10 cl de jus d'ananas
5 cl de vinaigre de riz
300 g de thon cru
1 c. à c. d'huile de sésame
2 c. à s. d'huile végétale
2 oignons nouveaux
1 petit piment vert
200 g de tortillas croustillantes rondes
1 c. à c. de graines de sésame doré
3 avocats
Le jus de 1 citron vert
1 petit oignon rouge
½ botte de coriandre
Sauce soja salée
Sel, poivre

Pour le poulet, préchauffez le four à 180 °C. Épluchez et hachez l'ail et le gingembre. Dans un saladier, délayez le ketchup avec le jus d'ananas, 5 cl de sauce soja, le vinaigre de riz, l'ail et le gingembre. Faites-y tremper les ailes de poulet pendant 4 h au frais en remuant plusieurs fois. Égouttez le poulet et mettez-le dans un plat allant au four. Enfournez pendant 30 min en retournant les ailes 1 ou 2 fois afin que toute la peau soit bien grillée. En même temps, versez la marinade dans une casserole et faites-la réduire aux deux tiers afin qu'elle soit sirupeuse. Servez le poulet bien chaud, avec la sauce.

Pour le tartare de thon, coupez le poisson en petits cubes de 0,5 cm de côté. Épluchez et émincez 1 oignon nouveau. Retirez le pédoncule et les graines du piment vert et émincez-le finement. Dans un saladier, mélangez le thon avec l'oignon et le piment vert, l'huile de sésame, l'huile végétale et 2 c. à s. de sauce soja. Rectifiez l'assaisonnement et mettez 1 c. à c. de tartare sur des tortillas avec quelques graines de sésame. Disposez sur la planche.

Pour la purée d'avocat, prélevez la chair à l'aide d'une cuillère et écrasez-la avec une fourchette. Épluchez et émincez finement l'oignon. Effeuillez la coriandre. Dans un grand bol, mélangez la chair d'avocat avec la coriandre, l'oignon émincé, le jus de citron vert, du sel et du poivre.

Disposez sur la planche avec le poulet, le tartare, le reste des tortillas, les galettes de riz et les crudités.

> Variantes

De la salade de mangue (p. 112), un tartare de saumon aux dés de tomates, des oignons nouveaux au citron vert, des rondelles de patate douce violette rôties...

> Qu'est-ce qu'on boit ?

Qui dit Hawaï dit cocktail Tiki !
Avec alcool. Dans un grand verre, mettez 4 cl de rhum blanc avec 2 cl de Cointreau®, le jus de ½ citron vert, 1 c. à s. de sirop d'orgeat et beaucoup de glace pilée. Mélangez, décorez d'une tête de menthe et de coriandre fraîche puis servez.
Sans alcool. Mettez dans un grand verre 2 c. à s. de crème de coco, 10 cl de jus d'ananas, 4 cl de jus d'orange et mélangez bien. Ajoutez des glaçons et décorez avec un peu de muscade en poudre.

ANNEXES

TABLE DES MATIÈRES

POUR ENCORE PLUS DE PLANCHES

Vous pensiez qu'on avait épuisé toutes les possibilités ? Et pourtant, il en reste, du pain sur la planche ! Pour tous les amateurs d'apéro dînatoire qui n'auraient pas encore trouvé leur bonheur, voilà donc d'autres idées pour continuer de vous régaler en bonne compagnie.

Encore plus de planches aux accents régionaux

La planche alsacienne

Composez votre planche avec du fromage frais à l'ail et aux fines herbes, des crudités, du jambon de la Forêt-Noire, de fines tranches de lard fumé alsacien, des gendarmes (saucisses sèches épicées), du munster et surtout du carvi, à saupoudrer. Accompagnez avec de la gelée de coing, des pickles maison, des noix fraîches et du pain aux noix.

La planche ch'ti

Composez votre planche avec du maroilles et de la boulette d'Avesnes, ainsi que de la gelée de pomme en accompagnement. Ajoutez du pâté de campagne et de l'andouillette de Cambrai avec un assortiment de bêtises, et des feuilles d'endive en guise de cuillères. Disposez enfin des frites, des gaufres salées et du pain noir.

La planche normande

Composez votre planche avec de l'andouille de Vire, du camembert, du cœur de Neufchâtel, du livarot, ainsi que de la gelée de pomme en accompagnement. Disposez des petites brochettes de coquilles Saint-Jacques et champignons grillés avec un petit pot de crème fraîche épaisse aux fines herbes et à l'ail, ainsi que des petites brochettes de poulet et de pommes grillées. Côté sucré, ajoutez des mini-crêpes, de la confiture de lait, des fruits frais, des noix, et des caramels au beurre salé. Servez avec un bon pain complet.

Encore plus de planches exotiques

La planche mexicaine

Composez votre planche avec des mini-tortillas et des tacos à garnir avec du guacamole, du bœuf haché épicé cuit ou du poulet rôti effilé, des haricots noirs, du cheddar râpé, des rondelles de tomate, de concombre et de piment vert, de l'oignon rouge, du maïs et de la coriandre fraîche. Côté sucré, disposez des churros avec du *dulce de leche* (confiture de lait).

La planche péruvienne

Pour le pays des ceviches, préparez des carpaccios de 2 ou 3 poissons différents. Côté assaisonnement, servez un carpaccio avec du jus de citron vert et du lait de coco, l'autre avec du jus de citron vert et de citron jaune et un mélange d'huile végétale, d'huile de sésame et d'huile d'olive. Composez votre planche avec vos ceviches décorés de petits morceaux d'avocats, de maïs ou de pommes de terre cuites selon votre goût. Accompagnez avec des chips de pomme de terre ou de légumes, des tacos et du guacamole.

Et encore plus de planches pour chaque heure de la journée

La planche à l'heure du barbecue

Préparez des petites brochettes en alternant des cubes de blanc de poulet, des légumes (tomates cerises, quartiers d'oignons rouges, dés de poivrons) et des cubes de foie de volaille. Grillez les brochettes ainsi que des fines tranches de poitrine de porc et d'agneau (de l'épigramme), des petites saucisses et des cubes de bœuf (de la hampe ou du cœur de rumsteck).

Composez votre planche avec les grillades accompagnées de légumes grillés au barbecue : des tronçons de maïs servis avec du beurre aux fines herbes et à l'ail, des mini-courgettes et des oignons nouveaux. Disposez aussi des brochettes de tomates cerises multicolores, des sauces maison (tartare, sauce vierge, mayonnaise...), et servez des bagels ou des petits pains farcis de beurre à l'ail, réchauffés sur le barbecue.

La planche du *tea time*

Composez votre planche avec, côté salé, des mini-sandwichs de pain de mie déclinés en trois garnitures : une à base de fromage frais et de concombre, une à base d'œufs mimosa et une à base de saumon, de fromage frais et de câpres. Côté sucré, disposez des scones, des fraises, de la meringue et de la chantilly. Ajoutez aussi des radis, des feuilletés salés, des mini-tartes sucrées et salées, des macarons, sans oublier le thé et le champagne.

ET CELLES À L'HEURE DU FROMAGE

La planche tout fromage

Composez un magnifique plateau avec des tomates cerises, des radis, des fraises, du raisin, de la gelée de pomme, de la baguette, du pain aux noix, du pain aux fruits secs et, évidemment, une sélection de 4 ou 5 fromages :

- 1 fromage à pâte dure type comté 12 mois ou beaufort d'été,
- 1 fromage à croûte fleurie type saint-nectaire fermier ou reblochon fermier,
- 1 fromage de chèvre type pélardon crémeux ou rocamadour,
- 1 fromage bleu type gorgonzola ou stilton,
- 1 fromage à croûte lavée (et puant !) type munster ou époisses.

La planche comme une fondue

Préparez un fromage fondu en emballant de papier aluminium la base d'un fromage en boîte, type mont d'Or, camembert ou livarot. Creusez légèrement la chair et remplissez le trou avec 5 cl de vin blanc et 1 échalote hachée, puis enfournez 20 min à 180 °C sans le couvercle.

Composez votre planche avec votre boîte de fromage chaud et fondant accompagné de dips de légumes, de charcuterie et de pain frais.

INDEX DES PLANCHES PAR ORDRE ALPHABÉTIQUE

INDEX DES PLANCHES PAR SAISON

Nous avons ici classé les planches par saison dominante, mais certains produits qui s'y trouvent sont présents à d'autres saisons, ou toute l'année. Privilégiez autant que possible les produits de saison lorsque vous confectionnez vos planches (voir p.13 à 19).

PRINTEMPS

ÉTÉ

AUTOMNE

HIVER

TOUTE L'ANNÉE

INDEX DES PRODUITS

E

F

G

H

J

K

L

M

N

O

P

R

S

T

V

Y

L'abus d'alcool est dangereux pour la santé,
à consommer avec modération.

À PROPOS DE L'AUTEUR

Thomas Feller-Girod, diplômé de l'école hôtelière de Strasbourg, est auteur de livres de cuisine, restaurateur et passionné par ces deux métiers depuis vingt ans.

REMERCIEMENTS

Un grand merci aux équipes de W. Books, et particulièrement à Fanny Morgensztern pour m'avoir confié l'écriture de ce magnifique livre, qui m'a permis de m'acheter de nouvelles planches, pour le plus grand plaisir de mes convives.

L'éditrice remercie Thomas pour sa gentillesse et ses bonnes idées de planches qui mettent l'eau à la bouche, Sandrine et Emma pour leur avoir donné vie et Élise pour les avoir si bien mises en page.

CRÉDITS

Directrice
Aurore Charoy

Éditrice
Fanny Morgensztern, assistée de Valentine Lacoste

Conception graphique et mise en page
Élise Godmuse

Photographies
© Sandrine Saadi - Studio Basilic

Relecture
Thérèse Voyau

Imprimé en Chine par Toppan sur du papier répondant aux normes FSC®.

MIXTE
Papier issu de sources responsables
FSC® C104723
FSC www.fsc.org

ISBN : 978-2-38184-034-5
Dépôt légal 4e trimestre 2022

2, rue Paul-Vaillant-Couturier
92532 Levallois-Perret Cedex